The Strategy of Agriculture
Modes and Food Development in China

"三农"若干问题研究系列

Research Series on "Three Rural Issues"

中国农业阶段模式及食物发展战略选择

郭燕枝 / 著

中国财经出版传媒集团

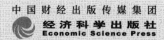

经济科学出版社

Economic Science Press

《"三农"若干问题研究系列》编委会

总　序

　　"三农"问题是农业文明向工业文明过渡的必然产物。我国是农业大国,更是农民大国,在全面建设小康社会的进程中,最艰巨、最繁重的任务在农村。"三农"问题关系党和国家事业发展全局,因此,历来是党和国家工作的重中之重,也是整个社会关注的焦点问题。近年来,我国重大政策决策连年聚焦"三农"问题,出台了一系列强农惠农政策,我国农业和农村发展取得了显著成效,粮食连年增产,农民收入也连续较快增长。但是,在四化推进过程中,农业发展依然滞后;城镇化快速发展的形势下,城乡差距依然非常突出;农民增收面临经济下行和农产品国际竞争力持续减弱的双重压力。农业发展现代化进程中,耕地、水等资源压力不断加大,生态环境改善要求持续提高。因此,我国"三农"问题还需要持续关注。

　　本套丛书从战略角度出发,从农业发展、社会主义新农村建设、农民收入以及农业科技革命等多个维度对我国"三农"问题进行了较为全面、系统、深入的探索。其中,农业发展战略研究维度,分析不同历史阶段农业的主要功能及其发展的客观条件,探讨各种农业政策的出台背景与实施效果,并对当前社会经济环境变动及其对农业的影响进行了重点剖析,提出了新中国发展60多年三阶段的论点,即先后经历了"粮食农业"、"食物农业"和"食品农业";社会主义新农村建设研究维度,依据公共品供给方式、持续发展潜力、发展资金来源、区域间发展差异、要素流动状况等因素将我国社会主义新农村建设的模式归纳为政府扶持、村庄结构转变及村镇扩展三大类;农民增收研究维度,从宏观、中观和微观三个层面对我国区域间农民收入增长及差异进行深入探讨，提出了持续增加农户收入同时缩小农户间收入差异的政策建议；农业科技革命研究维度，通过剖析全球洲际引种、石化革命、绿色革命、基因革命发生发展内在动因，探索分析可持续发展框架下，我国农业科技革命发生、发展的推动、制约因素和进一步发展的"瓶颈"，并针对我国农业科技革命发展存在的主要问题，提出对策建议，为我国制定农业可持续发展的科技战略提供了有益参考。

　　本套丛书凝聚了各位作者的真知灼见，研究深入扎实，为破解"三农"难题提出了有针对性、实践性和前瞻性的建议。"三农"研究，情系"三农"，相信经过全国广大"三农"研究者持续不断的努力，定能在理论层面不断明晰问题根源，提出有效解决问题的方法和路径，为全面实现"两个一百年"的奋斗目标提供有力支撑。

编委会

2015 年 9 月

前　言

　　新中国成立以来的 60 多年间，历届国家领导人高度重视"三农"工作，做出了一系列重大部署，出台了一系列强农惠农富农政策，有力促进了粮食持续稳定增长，并实现了重大的历史性跨越。

　　新中国成立至改革开放初期，以粮食为主导模式的"粮食农业"阶段里，生产力水平低下，国际形势复杂多变，农业发展战略的核心锁定在"以粮为纲"，以满足居民不断增长的粮食数量型扩张需求。

　　改革开放以来直至 21 世纪初期，以食物为主导模式的"食物农业"发展阶段里，党的十一届三中全会拉开了农村改革的序幕，极大调动了农民生产的积极性，充分发挥了技术进步的力量，中国粮食产量由粮食农业阶段里举全国之力的 6 000 多亿斤，增长到 1998 年的 1 万亿斤以上，解决了全国居民的吃饭及温饱问题，并通过鼓励因地制宜全面发展，激活农产品市场，除粮食以外，猪牛羊肉、蔬菜水果等大量供应，有效缓解了居民对多样化食物消费的需求。

　　21 世纪以来，以食品为主导模式的"食品农业"发展阶段里，保障国家粮食安全、确保农产品有效供给仍然是农业、农村工作的首要任务。特别是党的十八大以来，国家不断加大财政和社会投入，充分调动各级政府及亿万农民的种粮积极性。2004～2015 年，我国粮食产量实现连年高位增长，食物生产能力稳步增强，农民收入持续快速增长，城乡居民消费水平进一步提高，消费结构快速转型升级，食物加工产能快速增长，农产品加工业总产值与农林牧渔业总产值之比达 1.85∶1。居民不再满足吃得饱、吃得好，更多的是追求营养、保健、安全以及方便和快捷。

中国农业发展的三个阶段和三种模式是在中国特定历史、社会、国际环境下形成的。不同发展阶段和模式选择，有其特殊的时代背景和现实需求，是经济社会发展规律的重要组成部分。新的时代背景下，需要遵循农业经济发展规律，借鉴发达国家农业发展过程中的经验，走出一条具有中国特色的农业发展道路。从发展模式上看，中国不能采用美国为代表的"石油农业"模式，也很难走荷兰、以色列为代表的设施为主的农业发展道路，但这二者的科贸工农一体化的思路是可以借鉴的。未来的中国，如何构建以生产效益型、资源节约型、环境友好型、食品安全型为基础的发展模式，以广开食物种类、调整农业结构、实行产业化经营、利用沿边区位优势，促进食品工业起飞，从而实现 2020 年全面达到小康水平、2050 年达到中等富裕国家水平，完成中国农业第三阶段的任务，实现农业现代化的宏伟蓝图，任重而道远。

从未来可持续发展的战略选择上，我国粮食总产量 2014 年已经达到 6.07 亿吨，人均实现 444 公斤，主要农产品已经由长期短缺到总量平衡、丰年有余，粮食、蔬菜、水果、肉类和水产品等都多年居世界第一。可以说，我们依靠自己的力量，稳定地解决了中国 13 亿人的吃饭问题。然而，随着国家经济社会的快速发展、城乡居民收入水平提高以及城镇化快速推进，居民食物消费结构转型升级将对食物生产总量和结构提出更高的要求。同时，在消费带动和国内外粮价倒挂的影响下，也逐渐出现了国内粮食产量增多、库存增多、进口增多的"三多"并存的新情况，也面临着农产品价格封顶、生产成本抬升、资源环境约束加剧等新挑战，粮食生产发展空间受到多重挤压，全球粮食安全形势依然严峻。2004～2016 年连续十三个中央一号文件聚焦于"三农"问题，体现了党和政府解决问题的决心。然而，"三农"问题的复杂与解决的艰巨性是有目共睹的，未来农业发展的模式和战略选择值得我们深思。

基于上述研究思路和出发点，本书探讨了我国农业发展的三个阶段模式，每个阶段农业发展所取得的成就、政策制定的背景、农业发展的政策导向及目标、"三农"问题的症结、农业发展的"瓶颈"制约、下一步发展的重点方向等；预判了"十三五"末基于消费结构变化的农产品供给需求，并在借鉴国际上三个发达国家农业发展的模式特征、食物消费模式特征基础上，提出未来我国农业发展的政策建议。

本书凝聚了导师刘旭院士诸多的学术思考和智慧，从全书的框架构思到内容写作，都承蒙导师的悉心指导，在此对我的导师表示深深的感谢！同时，感谢中国农业科学院农业经济与发展研究所各位老师和同学对本研究给予的大力帮助，感谢农业部食物与营养发展研究所各位领导和同事给予的大力支持，感谢师兄弟、师姐妹给予我的关心和帮助，感谢经济科学出版社为本书的编辑和出版付出的辛勤劳动。由于笔者才识浅陋，能力和水平有限，书中难免有纰漏或不足之处，敬请读者批评指正。

作　者
2016 年 8 月

目　录

Contents

第1章 导 言 / *1*

1.1　研究目的和意义　　　　　　　　　　　　　　　*1*

1.2　已有研究选评　　　　　　　　　　　　　　　　*3*

　　1.2.1　国际农业增长阶段理论概述　　　　　　　*3*

　　1.2.2　国内农业经济发展理论概述　　　　　　　*5*

1.3　研究思路与方法　　　　　　　　　　　　　　　*9*

1.4　数据来源　　　　　　　　　　　　　　　　　*10*

第2章　中国农业发展的阶段性 / *11*

2.1　经济增长及其政策取向的阶段性　　　　　　　*11*

2.2　世界农业发展阶段的规律及阶段性　　　　　　*12*

　　2.2.1　农业部门与经济增长　　　　　　　　　*12*

　　2.2.2　世界农业发展的规律性——农业份额下降　*13*

　　2.2.3　农业政策与农业发展　　　　　　　　　*14*

2.3　中国农业发展的阶段划分思路　　　　　　　　*16*

　　2.3.1　中国农业发展的特殊性　　　　　　　　*16*

　　2.3.2　中国农业政策目标的阶段性和层次性　　*16*

2.4　中国农业发展阶段的划分　　　　　　　　　　*18*

　　2.4.1　满足居民生存需求是农业最基本的功能　*18*

　　2.4.2　消费需求的层次性与递进性　　　　　　*19*

　　2.4.3　粮食、食物和食品三个概念的理解　　　*21*

　　2.4.4　中国农业发展三个阶段的初步界定　　　*22*

第3章 粮食主导农业的发展阶段 (1949~1978年) / 24

3.1 "粮食主导" 农业的思想渊源 24

　　3.1.1 社会主义初级阶段的经济发展思想 24

　　3.1.2 "工业优先发展" 的思想 25

　　3.1.3 "农耕文明" 的农本思想 25

3.2 "粮食主导" 思想贯穿该阶段农业政策的始末 26

　　3.2.1 "以粮为纲" 基本方针是核心体现 26

　　3.2.2 五个 "五年计划" 是粮食主导农业核心思想的
　　　　　政策落实 28

3.3 "粮食主导" 思想在农业生产和实践中的集中体现 31

　　3.3.1 土地改革使得增加粮食产量成为可能 31

　　3.3.2 统购统销政策是粮食主导农业思想的拓展 32

　　3.3.3 农业合作化运动是粮食主导农业的重要组成部分 32

　　3.3.4 "农业学大寨" 是粮食主导农业发展思想的一种体现 33

　　3.3.5 农村改革序幕揭开, 粮食主导农业政策逐步移位 34

3.4 粮食主导农业阶段中国农业发展的状况和特征 34

　　3.4.1 农业比较劳动生产率低下 34

　　3.4.2 农业种植以粮食为主 37

　　3.4.3 粮食在农产品产量结构中处绝对优势但增速缓慢 39

　　3.4.4 居民食物消费以粮食为主 42

　　3.4.5 粮食由净出口逐渐转向净进口且进口量不断增大 43

　　3.4.6 农业总产值增速缓慢, 粮食为主的种植业所占比重大 44

　　3.4.7 "优先发展工业" 政策下农民购买力低下 46

3.5 食物主导农业开始萌芽 47

第4章 食物主导农业的发展阶段 (1979~1999年) / 49

4.1 食物主导农业阶段农业发展政策取向 50

　　4.1.1 党的十一届三中全会是粮食农业向食物农业转换的
　　　　　思想前提 50

　　4.1.2 五个农业中央一号文件是食物主导农业发展
　　　　　思想的重要体现 50

4.1.3 "米袋子"、"菜篮子"工程使食物农业得以
巩固和发展　53

4.1.4 国家首个"食物纲要"的颁发使食物农业理念
得以升华　55

4.1.5 其他农业配套政策有力促进食物农业顺利发展　56

4.2 食物主导农业阶段中国农业发展的状况和特征　59

4.2.1 农业在国民经济中所占的比重有所下降但依然很大　59

4.2.2 农业比较劳动生产率下降迅速　60

4.2.3 农业总产值中牧业、渔业增加较快　60

4.2.4 粮食、棉花种植面积减少，其他作物种植面积
增加较快　61

4.2.5 粮食产量增长速度低于非粮食类产量增长速度　63

4.2.6 居民食物消费结构中非粮食类食物增加较快　66

4.2.7 农村和城镇居民家庭恩格尔系数逐渐降低　66

4.3 食物主导农业阶段的问题症结　67

4.3.1 "卖粮难"与粮食增产高峰交替出现　67

4.3.2 农民收入增长下滑，城乡收入差距拉大　68

4.3.3 乡镇企业对农村的带动作用逐渐减弱　68

4.3.4 农业内部深层次矛盾日益凸显　70

4.4 食品主导农业开始萌芽　70

第5章 食品主导农业的发展阶段（2000 年至今）／72

5.1 食品农业阶段农业发展政策倾向　73

5.1.1 21 世纪三个"五年计划"为食品农业发展提供
思路保障　73

5.1.2 13 个中央一号文件为发展食品主导农业提供
政策保障　75

5.1.3 《国家食物与营养发展纲要》为食品农业发展绘制
出总蓝图　79

5.1.4 农产品加工业发展的战略意义逐步被强化认识　80

5.2 食品农业初期中国农业发展的现状和特征　　　82

5.2.1 粮食实现十二连增，食物生产能力稳步提高　　　82

5.2.2 城乡居民收入持续提高，农民收入结构不断调整　　　83

5.2.3 食物加工产能快速增长，满足居民多样化食物需求　　　85

5.2.4 居民消费结构不断优化，营养状况明显改善　　　85

5.2.5 农业比较劳动生产率不断下降，城镇化水平过半　　　86

5.2.6 农业投入持续增加，科技支撑水平显著增强　　　87

5.2.7 土地流转日益加快，新型经营主体不断涌现　　　88

5.3 食品主导农业阶段的问题和发展困境　　　89

5.3.1 "三农"问题解决的长效机制缺失，农业发展政策

有待完善　　　89

5.3.2 农产品加工技术相对落后，食品农业发展受制　　　90

5.3.3 城乡收入差距显著，城乡统筹困难较多　　　91

5.3.4 农业生产力与资源布局错位，资源利用效率不高　　　93

5.3.5 养殖结构调整空间大，生产结构需优化　　　93

5.3.6 农民外出务工浪潮迅猛，农业生产内部矛盾显现　　　94

5.4 农户外出务工影响因素及对农业生产的实证　　　95

5.4.1 农户外出务工对农业生产影响的定性判断　　　95

5.4.2 理论框架和模型变量　　　96

5.4.3 数据来源与统计性描述　　　100

5.4.4 模型估计与结果　　　102

5.4.5 结论与建议　　　105

第6章 基于消费结构变化的未来农产品供给判断 / 107

6.1 基于目前食物消费增长的未来消费结构变化预测　　　107

6.1.1 口粮消费及"十三五"需求预测　　　108

6.1.2 蔬菜、水果消费及"十三五"需求预测　　　111

6.1.3 畜产品消费及"十三五"需求预测　　　115

6.1.4 指数平滑法预测消费数据与2012年实际消费

比较汇总　　　125

6.2 基于营养标准的主要农产品"十三五"消费预测 125

6.3 基于消费需求和人口变化的未来农产品产量供给预测 127

    6.3.1 未来人口变化预测 127

    6.3.2 基于人口数量变化和供需平衡的未来农产品产量
供给预测 129

第7章 国际农业发展阶段特征及食物消费模式 / 130

7.1 现代国际农业发展的三种模式及特征 130

    7.1.1 美国农业发展阶段及特征 131

    7.1.2 法国农业发展阶段及特征 140

    7.1.3 荷兰农业发展阶段及特征 147

    7.1.4 小结 154

7.2 国际主要食物消费模式及特征 154

    7.2.1 以美国为代表的"动物性食物消费为主"模式 155

    7.2.2 以印度尼西亚为代表的"植物性食物消费为主"
模式 156

    7.2.3 以日本为代表的"动植物均衡消费"模式 159

    7.2.4 小结 161

第8章 未来我国农业及食物发展的战略选择 / 163

8.1 完善支持政策,构建食物安全长效机制 163

    8.1.1 构建国家食物安全战略新思路 163

    8.1.2 完善补贴政策,发挥补贴效用 164

    8.1.3 以营养敏感型农业为契机,树立食物发展新理念 165

8.2 优化生产结构,确保国家食物数量和结构安全 166

    8.2.1 确保口粮绝对安全,同时兼顾其他食物需求 166

    8.2.2 以草牧业为发展重点,调整畜产品品种结构 166

    8.3.3 稳定蔬菜、水果种植面积,优化区域布局 167

8.3 根据区位优势,制定区域食物发展战略 167

    8.3.1 建立全国区域性食物发展战略 167

8.3.2 设立"省食物自给红线" 168

8.4 发挥食品工业双重效用，撬动农业农村发展新动力 168

8.4.1 提高农产品转化增值，促进农民增收 168

8.4.2 加快以营养健康为目标的食品加工业发展，发挥营养
保持效用 169

8.5 转变农业发展方式，走新型农业产业化之路 169

8.5.1 稳步推进农业规模化 169

8.5.2 因地制宜推进农业机械化 170

8.5.3 加快农业信息化建设步伐 170

8.6 加强营养宣传，引导合理消费 171

8.6.1 加快国内大豆产业发展 171

8.6.2 引导居民适当增加全谷物类食物消费 171

8.6.3 强化均衡膳食、营养消费的宣传和普及 172

参考文献 / 173

第1章

导　言

1.1　研究目的和意义

农业是人类社会的衣食来源，生存之本，是社会稳定、国家长治久安的根基。作为农业大国，新中国成立以来，党和国家领导人高度重视农业、农村和农民问题，并把确保国家粮食安全作为全党工作的重中之重。20世纪80年代连续5个中央一号文件，以及21世纪以来连续13个中央一号文件锁定"三农"问题，彰显农业的基础性地位和重要性。实践证明，新中国成立以来，我国农业取得了巨大的成就，养活了庞大的、与日俱增的、占世界近1/5的人口，为世界粮食安全做出了巨大的贡献。然而，随着改革开放的逐步深入，特别是进入新世纪以来，中国农业发展依然面临农产品结构性短缺、农业投入不足、资源生态环境压力大、农民收入增长不力、农产品进口迅猛等多种因素的制约。那么，中国农业从新中国成立以来，经历了什么样的历程，经过了哪几个重要阶段，取得了哪些突出成就，每个阶段有什么样的模式主导，每种主导模式下有哪些特征，面临哪些主要困境，不同阶段和主导模式对未来中国农业发展战略有哪些启发，等等。对这些问题的回答，对于目前及未来农业发展阶段的准确判断及战略选择具有重要理论和现实意义。

第一，准确研判中国农业经历的发展阶段及各阶段农业发展的主导模式，是当今经济社会发展亟须研究的重要课题。中国农业发展阶段是在中国特殊的国际环境下，在国内政治、政策、经济和人口等多种条件下，依照一定的客观规律形成的，是农业生产力发展规律在中国的特殊表现，是不以人的意志为转移的必然选择。农业发展的主导模式，是在农业发展的不同阶段里，国家赋予农业某一方面的功能大于其他功能的表征。农业阶段及主导模式研究也具有同样的背景，它既是历史问题，也是现实需求问题；既关乎农业发展本身，也关系到中国整体经济发展水平；既是经济问题，也是全社会稳定发展问题，需要深入、全面系统研究。因此，通过对中国农业发展阶段及其主导模式的深入系统研究，能使我们更清楚地认识到每个阶段里农业发展所取得的成就、政策制定的背景、农业发展的政策导向及目标、"三农"问题的症结、农业发展的"瓶颈"制约、下一步发展的重点方向等。诚然，只有适应特定生产力水平和农业发展要求的主导模式才是正确的选择。中国要实现农业的可持续发展，就需要明确适应新时期农业发展的主导模式，并以此指导农业、农村的发展，特别是中国农业与社会经济发展正处于从卖方决定农产品市场向买方决定农产品市场转变，从单一的国内市场竞争向全方面的国际市场竞争转变的新时期，如何完成顺利转变，实现农业现代化的宏伟蓝图，将是一个崭新的、亟待研究的课题。

第二，不同的研究视角，将拓宽对中国农业发展阶段和历程的认识。目前已有的农业发展阶段成果，为政府决策提供了重要的参考价值。如基于农业是一个复杂的系统，具有基础性、脆弱性、社会性等特征，农业内部具有一、二、三产业，农业与其他外部的二、三产业关系非常密切，农业具有生产、生活、生态功能等多角度、多视角出发，将农业划分为"粗放阶段、集约阶段"、"贫困阶段、温饱阶段、富裕阶段"、"政府主导阶段、农户主导阶段、市场主导阶段"，以及"新阶段论"等。这些结论为政府决策提供了重要的参考，也为本研究提供了很好的思路借鉴。本书试图从另一个熟悉却又崭新的认识视角，即"粮食农业阶段、食物农业阶段、食品农业阶段"三个层面，探讨新中国成立以来经历的三个重要阶段和主导模式，希望能成为中国农业发展阶段论的有益补充。此外，对新中国成立以来，农业不同阶段及其主导模式等重大过程的回顾和梳理，是对发展经济学、制度变迁及制度创新等理论的实证阐释。从理论和实证双重角度，以农业发展过程中的主导模式为背景，从农业发展的价值取向，到农业发展的历程及不同阶段里农民收入、食物结构变化，生产方式调整等，全方位探讨发展经济学的多个理论主题，丰富了专题研究，也期望为中国农业发展的相关研究提供参考和借鉴。

第三，农业发展阶段的准确判断是对纷繁复杂表象背后的高度凝练，是农业生产实践的高度概括。从世界农业发展阶段划分的角度来看，具有代表性的是从生产力发展角度，把世界农业划分为原始农业、传统农业和现代农业三个阶段。21 世纪中国的农业既具有传统农业的发展特点，也具有现代农业的发展特征，因此，许多研究把中国农业的发展状况称之为"传统农业向现代农业的过渡"。然而，不同历史时期，受农业生产力水平的制约，农业发展都会面临诸多不同的问题，如农产品数量保证、质量安全、农业生态环境、农民增产增效、农产品国际贸易等，这些问题的解决，除了需要针对性强的专题解决途径和方案外，还需要在纷繁复杂的事情表象背后，探究其规律性或本质原因，这就需要借鉴国内、国际的历史发展经验，探寻发展规律背后的深层次诱因。特别是新的时代背景下，全面梳理新中国成立以来农业发展历程，回溯其政策变动的历史轨迹，探究每个阶段的主导模式和困境以及国际上不同国家的历程启示，为中国农业发展的战略选择给出既定的答案相对比较困难，但通过总结凝练不同阶段里不同主导模式，并从中获得规律性认识和应用，以避免或减少走弯路，将为全面建成小康社会、实现中国两个百年目标奠定坚实的农业基础。

1.2　已有研究选评

1.2.1　国际农业增长阶段理论概述

国际农业增长阶段理论，最常见的是从生产力发展角度来划分，即世界农业经历了或正在经历原始农业、传统农业和现代农业三个阶段。原始农业主要是指从新石器时代到铁器工具出现之前的农业。其基本特征是以石器、棍棒为生产工具，以传统的直接经验为生产技术，只能利用自然而不能改造自然，只是从土地上掠夺物质和能源，没有物质和能量的人为循环，刀耕火种，广种薄收，自给自足，缺少社会分工。原始农业的最大贡献是实现采集业向种植业、狩猎业向畜牧业的转变。中国是世界农业最早的发源地之一，中国的原始农业对世界农业有着重要的贡献。在原始农业期间，中国农业处在世界农业发展的领先地位。传统农业是指从奴隶社会到资本主义社会工业化之前的农业。传统农业是一种生产方式长期不变的简单再生产的农业，其报酬率极低，生产结构长期固定不变。中国传统农业在世界农业发展史上占有重要地位。现代农业是指资本主义生产方式确立以来的农业。现代农业是建立在现代科学技术与现代市场经济基础之上的农业，生产技术科学化，生产手段机械化，生产经营企业化。

1966年，美国著名农业发展经济学家梅勒（Mellor J. W.）根据发展中国家农业发展的现实情况和具体特点，提出了"梅勒农业发展阶段理论"。梅勒按照农业技术的性质，把传统农业向现代农业的转变过程划分为三个阶段：第一阶段是以技术停滞、依靠传统投入为特征的传统农业，该阶段里农业生产的增长取决于传统要素供给的增加；第二个阶段是以技术稳定发展和运用、资本使用量较少为特征的资本技术农业阶段，该阶段里农业仍然是整个经济中最大的部门，农产品需求由于人口和收入增加而迅速上升，农业发展主要依赖资本节约型技术，以提高土地生产率为重点；第三个阶段是以技术高度发展和运用、资本集约使用为特征的高技术农业阶段，在这个阶段，农业部门在整个经济中所占的比重越来越小，资本变得越来越充裕，农业劳动力日益短缺，同时生物技术得到迅速发展，农业生产能力不断提高。

"韦茨农业发展阶段理论"是1971年美国经济学家韦茨（Weitz）根据美国农业发展的经历提出的，该理论也把农业分为三个阶段，即：以自给自足为特征的维持生存农业阶段；以多种经营和增加收入为特征的混合农业阶段；以专业化生产为特征的现代商品农业阶段。

"速水农业发展阶段论"是1988年速水佑次郎（Yujiro Hayami）根据日本经济发展的实践提出的，该理论同样把农业发展分为三个阶段，分别是：以增加生产和市场粮食供给为特征的第一阶段，提高农产品产量的政策在该阶段居于主要地位；以着重解决农村贫困为特征的第二阶段，通过农产品价格支持政策提高农民的收入水平是这个阶段农业发展的主要政策；以调整和优化农业结构为特征的第三阶段，农业结构调整是这个阶段农业政策的主要目标。

此外，西奥多·舒尔茨（Theodore W. Shultz）和速水佑次郎（2003）对许多发展中国家和发达国家的发展历程进行研究得出：处在不同发展阶段的国家或同一个国家的不同发展阶段，有不同的农业问题。在工业发展的初期阶段，农业生产赶不上随人口和收入增长而增加的粮食需求，与此同时，政府为了向工业提供廉价的原料和工资性商品，筹集财政收入，采取压低农产品价格、拉大工农产品比价等牺牲农业的政策措施，因而，在现实中就表现为农业无法为工业发展提供足够的产品，即"粮食问题"。而发达国家的农业困境，则是农业生产资源投入过多引起的生产要素报酬率下降的问题，此外，生产部门之间，产品供需增长速度的差异引起的不平衡，以及需要通过生产要素在产业之间重新配置来予以解决的问题，也就是"农业调整问题"。在由"粮食问题"向"农业调整问题"的过渡中，长期存在着两种问题共存和"二元结构"的局面，即中等国家的"贫困问题"。

1.2.2　国内农业经济发展理论概述

1. 关于中国农业发展阶段概述

早在20世纪80年代初，中国学者和专家就开始从发展阶段的角度观察农业发展问题，把中国农业的发展概括为从自给、半自给生产向商品化、社会化生产的转变（林子力，1983）。把中国农业定位在从传统农业向现代农业转变的过程，并分析了这个转变过程的制度环境和技术特征（李周等，1990）。到90年代后期，农业经济学者们再次开始了对中国农业发展阶段的讨论。

中国传统农业向现代农业转变的研究课题组（1997）认为，中国农业的发展过程实际上就是由传统农业向现代农业转型的过程，并把这个过程分为两个阶段：一是传统计划经济体制下农业现代化的变迁。这一阶段的特点是，农业现代化是一种自上而下的行为；投资来源于国家或者集体经济组织；农业现代化的方式以群众性运动为主，宏观经济环境表现为以工业化为重点。二是市场化取向改革中的农业现代化变迁阶段。这一阶段的特点是，农业的微观主体是农业微观经济组织，而经济利益机制是核心因素；投资主体多元化；农村工业化和城市化是重要环节；对外开放成为重要的促进因素。

牛若峰（1997）对中国农业发展阶段进行了较为宏观的划分，认为邓小平同志提出的农业"两个飞跃"实际上代表了农业政策与发展的不同阶段。第一个飞跃是废除人民公社制，实行家庭联产承包责任制；第二个飞跃是发展适度规模、集体经济，促进社会化大生产。20世纪90年代以来，农业产业化的兴起，标志着农业经营体制第二次改革的开始，由以往的单项突进转入稳定（家庭承包制）、改革（农业产业化经营方式）和发展（市场农业体系）于一体的整体推进新阶段。

农业部软科学委员会课题组（2000）通过比较全面详尽的论述，从供求关系、生产目标和增长方式综合分析，把农业发展划分为三个阶段，即农产品供给全面短缺，以解决温饱为主，主要依靠传统投入的数量发展阶段；农产品供求基本平衡，以提高品质、优化结构和增加农民收入为主，注重传统投入与资本、技术集约相结合的优化发展阶段；农产品供给多元化，知识、信息成为农业发展的重要资源，以提高效率、市场竞争力和生活质量为主，高资本集约、技术集约和信息集约的现代农业发展阶段。认为21世纪中国农业发展进入了新阶段。

杨万江（2001）结合中国以实现农业现代化为目标的发展战略，将现代农业发展过程划分为五个阶段，即农业现代化的准备阶段、起步阶段、初步实现阶段、基本实现阶段和发达阶段，这五个阶段代表农业现代化实现程度由低到高的发展过程。

蒋和平等（2006）选取14个特征指标值，对2003年中国农业现代化发展阶段的总体水平进行评价，结果表明，2003年中国农业现代化建设总体处于发展期，但不同区域间差异显著。李红玫等（2006）从中国农业发展的历史出发，提出将其分为传统农业、现代农业和可持续农业三个阶段。

刘旭（2012年）研究提出，我国原始农业约开始于1万年之前，受生产工具的更新、外来作物与本土作物的大融合、政治经济中心南移等多种因素的影响，作物栽培技术不断提高，南北方的农业生产结构发生了逐步的变化。根据作物栽培历史的技术特点，我国农业可以划分为五个发展阶段，即史前植物（作物）采集驯化期、传统农业萌芽期、北方旱作农业形成发展期、南方稻作农业形成发展期、多熟制农业形成发展期等。

2. 关于中国农业发展模式概述

夏振坤（1985）依据新中国成立以来农业发展的经验，提出中国农业的发展不应该采取那种跳跃的、单一和对抗的模式，必须按照低投资、低能耗、多层次、高效益的原则，设计既适合中国国情又符合新的技术革命趋向的最优模式。

胡国亨（1995）提出，中国经济发展模式的选择必须符合中国本身的国情。中国经济命脉源自农地，农业生产约占全国国民生产总值的40%，占全国劳动力的70%；中国以农为本的国情，决定了工业发展的定位应环绕着农业或与农业有联系的产业，特别是能善用农产品作为原料的工业，食品工业是理想选择。

韩俊等（1995）从中国农业发展模式的四个背景和发展困境分析，建议改变传统发展模式，加快农业发展模式的转型，发展两高一优农业是中国农业发展的客观要求。

宋圭武（1998）提出"小生产＋大服务"是中国农业发展的理想模式；陈德敏（2002）根据循环经济的有关理论和中国的实际国情，遵循循环经济的原则，借鉴循环经济在工业发展中取得的经验，认为中国农业在生态农业的基础上应向循环农业发展。

王树德（2003）提出精确农业的核心思想与实质。精确农业又叫精细农业、信息农业或数字农业等，由美国农学家于20世纪90年代初率先提出，即以大田耕作为基础，定位到每一寸土地，从耕地、播种、灌溉、施肥、中耕、田间管理、植物保护、产量预测到收获、保存、管理的全过程实现数字化、网络化和智能化。中国特色精确农业发展的战略有：分领域战略，分地域战略，分层次战略，分步骤和分角度战略。

童荣萍（2006）把世界农业现代化发展划分为美国模式、日本模式和西欧模式等三种模式。其中美国人少地多，农业机械化是农业现代化的第一步；日本人多地少，化肥工业是农业现代化道路之首，其次是生物工程科技的兴起和发展；西欧模式既不像美国那样劳动力短缺，也不像日本那样耕地稀缺，因此在农业现代化过程中，机械技术与生物技术齐头并进。对于中国农业现代化的创新模式，建议以家庭联产承包经营为基础，实现产业化创新，实质就是科、工、贸、农以及产、供、销一体化的农业经营模式。

刘旭（2013）提出，人多地少，人均资源量远低于世界平均水平，耕地、水等农业资源总量不足是我国的典型特征。粮食安全始终是关系我国国民经济发展、社会稳定和国家安全的全局性战略问题。新时期，考虑到国家粮食安全的重要地位，中国需求的大国效应及连锁反应，我国口粮自给率须保持在95%以上，方可保障国家粮食安全。

3. 关于中国农业发展战略已有研究概述

石山（1981）提出，农业发展战略就是走新路。党中央和国务院曾做出"决不放松粮食生产，积极开展多种经营"的农业生产方针，这是符合当时特定环境需求的战略性措施，是战略转变。走新路，首先要求人们从小农业小粮食的思想境界中解脱出来，重新认识中国农业的基本特点，制定实现大农业大粮食的长期计划和实施方法，并切实执行。

梁秀峰（1982）提出农业是国民经济的基础，农业发展战略又是经济和社会发展战略的一个极为重要的组成部分。因此，在确定农业发展战略时，必须放在国民经济发展全局中进行研究，既要考虑国民经济发展战略总体要求，又要考虑经济和社会发展战略对农业的要求。初步来看，经济和社会发展最基本的要求，就是经济稳定发展、国家安定团结、人民丰衣足食，这是中国最基本的国策，也是确定农业发展战略根本的出发点。

黄青禾（1994）提出把农产品加工业作为工业化的生产点，是真正体现了"以农业为基础，以工业为主导"的战略思想，农产品加工的全面发展，使农业从单纯的原料供给者的地位上升为制造业的参与者；农业不仅为居民提供食品，更重要的是也为工业提供"食品"，使农业和工业的关系进入一个互相融合的阶段。梅士建（2001）也提出，加工农业是中国农业发展进入新阶段的必然选择，对于促进中国农业和农村经济"两个根本性转变"、促进农业科技进步和农业整体水平的提高、加快农村工业化和城市化、实现农村现代化、提高城乡居民的生活质量和生活水平、加快社会主义物质文明建设等都起着至关重要的作用。

项继权（1996）提出，如果把占粮食产量17%左右的饲料粮所占耕地改为种植饲料作物，全国可增加1 000亿斤饲料原粮，可大大增加饲料粮的供给，促进畜牧业的发展，既有利于增加农民收入，又可以更好地满足人们对畜产品的需求。

关于多种经营的发展战略，也有专家认为，多种经营的规模和速度取决于粮食生产水平。如人均粮食占有量能在基本需求满足的基础上剩余200～300公斤，多种经营的发展空间就很大。相反，粮食产量不足，多种经营将受到诸多限制。因此，粮食是农业发展战略选择的关键因素，是多种经营和畜牧业发展的根本前提，同时粮食发展的速度，直接关系到畜牧业和多种经营发展的水平。徐以达（1986）提出，农牧结合将成为中国现代化农业发展战略选择。

关于粮食安全战略的研究成果，刘旭（2016）认为，未来我国粮食安全的战略目标应该选择保障谷物安全，以谷物的可持续生产支撑粮食的可持续消费，建议加快转变粮食生产方式，以创新作为驱动稳步提升粮食产能，持续增加生产效率，构建"数量安全、质量安全、生态安全、产业安全和营养安全"五位一体的中国特色粮食安全观。

旭日干（2016）认为，粮食安全问题既是一个经济问题，也是一个重要的社会问题。确保国家食物安全，需要准确地研判未来食物供需趋势的变化，全程贯穿大食物观、全产业链和新绿色化三大发展的要求，划定食物安全基准和资源利用红线，区分进口类别和优先序，制订明确的发展目标，强化基础支撑和科技保障。

1.3　研究思路与方法

本研究综合运用了静态与动态、宏观与微观、理论与实证、定量和定性、历史与辩证等相结合的研究思路，主要研究方法有：

比较分析法，本研究比较了不同农业发展阶段下差异化主导模式产生的时代背景、取得的成就、面临的发展困境等，同时比较了国际上农业发展的模式及对中国的经验借鉴。

系统分析法，利用系统思维，将农业发展历程视为一个整体系统来研究，每个系统又包含诸多相互关联、互相影响的子系统。以子系统的发展规律变化为基础，探讨农业整个系统的客观发展规律。

统计计量分析法，利用公开的、权威的历年中国统计年鉴，中国农村统计年鉴、中国农业统计年鉴、中国农业发展报告等统计数据，进行计算、分析、整理，研究其变动规律，利用经济计量方法，预测未来农产品消费结构变化趋势等，为研究观点提供具有一定说服力的数据论证。

1.4 数据来源

本书采用的数据主要来源于《中国统计年鉴》、《中国农业年鉴》、《中国农村统计年鉴》、《世界经济年鉴》、《中国农业发展报告》、《海关统计年鉴》、《中国经济体制改革年鉴》、《新中国五十年农业统计资料》、《新中国五十五年农业统计资料》、《中国食品工业年鉴》、FAO 数据库，新华网、美国、法国、荷兰政府网站、世界银行统计网站、中国统计局网站、三农数据库、中科院中国自然资源数据库，中国种植业信息网等。

第2章

中国农业发展的阶段性

2.1 经济增长及其政策取向的阶段性

国民经济在发展的不同时期表现出不同的特征，经济增长阶段理论就是将经济的发展过程划分为不同的阶段，任何国家从不发达到发达，都必须经过一系列步骤或阶段。而任何特定的经济发展阶段都是其前一时代的产物，大部分现实的经济现象产生的原因都存在于它以前的时代。因此，经济增长从经济史的角度看，是一种文明的传承；从发展的角度，是一种未来的预期。经济发展阶段的变化正好反映了这一脉络的动态继承和演变。

正确判断和划分一个国家或地区的经济发展阶段，并形成与制定经济发展阶段相适应的发展政策和战略，具有重大的现实意义。伴随着对经济发展阶段的不同判断，现代发展经济学先驱们相应提出与经济发展阶段对应的经济成长模式和经济发展战略。同时，就世界各国经济发展的实践而言，如果能够对该国经济发展特定阶段做出准确的判断，从而制定出与该阶段相应的经济政策，就具备了成功发展经济的基本前提。相反，如果政策的内容与阶段需要发生偏差，则往往导致经济发展的失败。

不同经济发展阶段对应不同的经济政策取向，因此，与发展阶段相配套的资源配置制度也会大相径庭，从而形成不同的利益偏向。更进一步来说，对一定时期经济阶段的定性，本身是与一定阶段的政策倾斜密不可分的。比如，就发展中国家的情况而言，几乎所有发展中国家的政策，都倾向于对农业的剩余进行剥夺；发达国家则恰恰相反，其政策倾向于对农业进行补贴。也就是说，经济发展的程度不同，农业政策的倾向性实质也不相同。在不发达国家，农民从事生产活动、出售农产品所能获的收入低于按照市场原则情形下所应获得的；在发达国家，农民生产与销售活动的收入可能高于按照市场原则所应获得的。

总之，一个国家或地区从不发达到发达，其经济增长及其政策取向具有普遍的阶段性特征，农业经济的增长过程也不例外。

2.2 世界农业发展阶段的规律及阶段性

2.2.1 农业部门与经济增长

在西方经济学中，农业经济学原本不是一门独立的经济学科，对农业经济的研究最初仅局限于农业技术，一般的经济学并不涉及农业发展研究。20世纪50年代后期，随着发展中国家经济快速发展，经济学家才越来越重视农业经济的研究（林毅夫，1988）。

20世纪50年代，刘易斯（W. Arthurlewis）的"零值劳动力"理论争论最大。刘易斯认为，发展中国家农村人口增长迅速，农业劳动力投入的边际报酬递减，如果这些增加的劳动力从农业中转移出去，不仅不会影响农业生产，而且会增加工业中需要的劳动力，从而提高整个国家的收入水平。发展中国家经济发展的源泉在于产业结构转型，也就是应该优先发展工业，尽快把农业生产中没有实际贡献的劳动力转移到工业，促进工业的发展。除了刘易斯的"零值劳动力"理论，在当时影响较大的还有从对恩格尔规律的诠释，来论证农业是一个衰退的产业；"剪刀差"理论从国际贸易的角度主张优先发展工业；"链接环节"理论认为农业的链接链条最短，应该将有限的资金用在重工业，促进工业的优先发展。这四种理论的核心思想都是认为，农业的任务只是为工业提供积累，农业的重要性不如工业，这对许多发展中国家牺牲农业、片面追求工业发展影响深远（林毅夫，1988）。

20 世纪 60 年代以后，经济学家对农业的看法发生了根本变化，许多经济学家从理论和经验上论证了增加农业投入，促进农业发展的必要性，农业增长是整个经济扩展的关键已逐渐被认可。梅方权等（2002）认为，农村地区收入和消费结构有别于城市地区，决定了农业增长能够对整个经济增长产生巨大影响，主要原因是，农村人口与城市人口相比相对贫困，导致农村人口更倾向于花费额外收入而不是进行储蓄；与城市消费者相比，农村人口更愿意购买国内商品而不是进口商品。这两个事实构成了农业和农村增长是产生高收入乘数效应的基础。

2.2.2　世界农业发展的规律性——农业份额下降

随着社会分工和产业结构的演进，农业所占份额不断下降，包括农业产值份额下降和农业就业份额下降。世界上几乎所有的国家在经济发展过程中都经历了或正在经历农业份额的下降过程。美国农业在实际收入中所占份额，从 19 世纪的约 40%，降至 20 世纪的 2%；德国在 19 世纪 50 年代，农业产值份额为 44.8%，20 世纪 70 年代初降至 3%（冯海发等，1989）。与农业产值份额下降协同的另一个事实是农业就业份额的下降，美国农业就业份额 1830 年时为 70.8%，经过 100 年下降为 22.5%，再经过 50 年降至 2%。农业就业份额下降的原因主要有：社会对工农业产品的需求特点，决定了工业对劳动力的需求量超过农业；工业部门的快速发展是引起农业就业份额下降的重要条件；工业部门的高收入是引起农业就业份额下降的重要原因，等等（邓一鸣，1988）。耐人寻味的是，农业产值份额的下降和农业就业份额的下降都与人均 GDP 增长的提高形成对照（见图 2－1、图 2－2），经济理论对此规律的解释是食物产品需求缺乏收入弹性。总体来看，尽管发达国家与发展中国家的农业发展特征存在明显差异，但是世界农业的发展仍是有规可循的，中国的农业发展也遵循着这样的发展规律。但是，必须承认，任何一个国家都有自己特殊的国情，脱离实际的国情生搬硬套，只会是延误时机。因此，研究中国农业发展阶段和未来发展战略选择，汲取世界发达国家农业发展经验的同时，还要考虑中国特殊的国情。

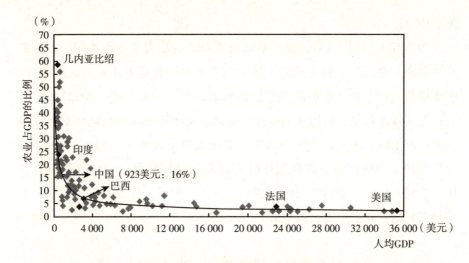

图2-1 2000～2002年世界各国农业产值份额与人均GDP

资料来源：世界银行，《世界经济发展指数》（2004年C）。

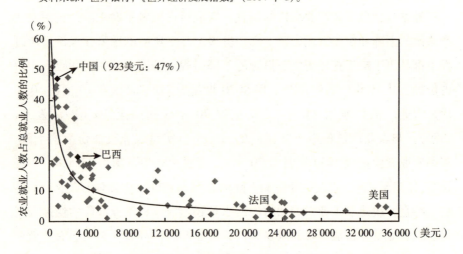

图2-2 2000～2002年世界各国农业劳动力份额与人均GDP

资料来源：世界银行，《世界经济发展指数》（2004年）。

2.2.3 农业政策与农业发展

1. 农业政策的核心地位

传统古典理论认为农业产出取决于土地、劳动和资本的数量，而现代农业发展理论认为，农业发展主要取决于提高土地和劳动力生产率所作的政策安排。虽然政策本身不能增加农业资源，但可以改变生产要素配置环境和相对价格，从而影响农业发展的方向、速度和效率。因此，在所有影响农业发展的因素中，政策居于核心地位。农业的发展离不开政策导向，这是农业本身固有的特殊性所决定的客观要求，也是农村改革实践得出的一条基本经验。

就农业政策与国家经济发展战略的内部联系而言，农业政策直接受制于宏观经济发展战略，即政府的农业政策源于一定时期政府确定的宏观发展战略和对特定时期具体情况的判断。一定时期政府确定的宏观发展战略，对农业政策是一种无处不在的常规性影响；而政府对特定时期具体情况的判断，为农业政策的特殊取向或变化提供了解释。总之，政府发展战略给农业政策进行了角色定位。它影响农业制度基础、运行机制和社会利益结构，从而为农业政策的选择划定了空间（李成贵，1995）。

2. 农业政策目标的阶段性和层次性

任何一项农业政策的形成，应该首先确定合理的政策目标。合理的农业政策目标与国家的整体经济及社会政治环境相适应的同时，还必须能够反映大部分民众（包括农民及城市消费者）的意愿及理想。由于各国自然、历史条件、政治经济形势以及国际环境不同，农业政策的目标选择和变迁方式往往相差悬殊。成功的农业政策目标必须与它所处的环境和历史阶段相平衡，这种平衡体现了农业政策目标的阶段性要求，并受到多种因素的影响。

一般来讲，农业政策的目标主要有：粮食安全、农民收入、食品安全、环境保护和农业竞争力等（经济合作与发展组织，2005）。进一步剖析农业政策目标，会发现其具有明显的层次性特点。农业政策的目标会随着居民生活水平的改善日益人性化，并逐步向满足居民日益增长的物质、精神等多层次的需要步步深入，且呈现出渐进和不断深化的过程特点。

2.3 中国农业发展的阶段划分思路

2.3.1 中国农业发展的特殊性

新中国成立之初，当时的美国政治家威廉·福格特（Willian Vogt）就质疑中国养活不了 5 亿人口，美国世界观察研究所所长莱斯特·布朗（Lester Brown）也于 1994 年提出"谁来养活中国"[①] 这种巨大的国际舆论压力，使得中国对农业发展不敢掉以轻心，以免转化为政治问题。这也注定了中国农业发展受政策的影响程度之大，是合乎政府"增进效率、促进公平、保持稳定"三大经济职能之一的。

然而，新中国成立之初，百废待兴，百业待举，朝鲜战争的威胁，国际关系的紧张，这种特殊的国际、国内社会环境，使得中国农业发展策略选择带有一定客观必然性，具有显著的"双重性模式"，即"政治支持最大化和经济收益最大化的双重目标"。经济目标遵循的是"效率优先"原则，政治目标则主要受政治、军事、社会、历史、意识形态等因素的制约。可以说，政府根据现实环境的变化和发展，在这两种目标之间不断做出抉择。

2.3.2 中国农业政策目标的阶段性和层次性

1993 年 7 月 2 日，第八届全国人民代表大会常务委员会第二次会议通过了《中华人民共和国农业法》，2002 年 12 月 28 日，第九届全国人民代表大会常务委员会第三十一次会议进行了进一步修订。其中第一章第三条规定，农业和农村经济发展的基本目标，是建立适应发展社会主义市场经济要求的农村经济体制，不断解放和发展农村生产力，提高农业的整体素质和效益，确保农产品供应和质量，满足国民经济发展和人口增长、生活

---

① ［美］莱斯特·布朗：《谁来养活中国》，徐雪译，载《中国农村经济》1995 年第 4 期。

改善的需求，提高农民的收入和生活水平，促进农村富余劳动力向非农产业和城镇转移，缩小城乡差别和区域差别，建设富裕、民主、文明的社会主义新农村，逐步实现农业和农村现代化。

根据社会主义初级阶段中国农业发展面临的困境和发展特点，农业政策的总体目标和任务主要有四个方面：生产目标、收入目标、环境目标和国际化目标（柯炳生，2005）。

生产目标既包括农产品的数量，也包括农产品的质量和产品的多样性。由于农产品是人类生存的必要条件，关系到其他部门发展甚至社会政治的稳定，因此，生产目标是农业政策的基础性目标，随着国民经济的快速发展、居民生活水平的改善，对农产品的数量和质量都提出了更高的要求。党的十五大报告中，对农业的"高产、优质、高效、节水"要求的前两项，就是生产目标要求的具体体现。

收入是农民从事农业生产的首要目标。改革开放尤其 20 世纪 90 年代以来，工业化进程大大加快，农业在国民经济中的份额不断降低，农民本身的收入问题越来越受到重视。"农业要增产，农民要增收，农村要稳定"越来越成为人们的共识。改革开放以来，中国农民的收入和生活水平发生了巨大的变化，取得了举世瞩目的伟大成就。但是，农村居民的收入和消费水平与城镇居民相比仍然有较大的差别，与发达国家相比差距更大。再加上中国农业和农村人口数量巨大，提高农民收入将是一项长期而又艰巨的任务。

环境目标涉及到农业发展的可持续性。对环境与生态的维护，已经被视为农业应当承担的重要职能之一。近些年来，随着东北黑土层的下降、南方土壤重金属污染的加剧以及华北地下水超采区的加重，中国对农业资源与生态环境问题日益重视，但如何协调好发展生产同资源、生态与环境保护的关系，也是一项长期而艰巨的任务。

国际化目标是世界一体化的必然要求。随着中国改革开放的逐步深入，中国农产品市场与国际市场的联系也日渐紧密。如何充分利用国际市场，发挥农产品的比较优势，同时又保证中国的粮食安全，防止"大国效应"，是农业国际化目标的主要任务。

动态地看，上述目标之间是彼此促进的关系，但不同阶段和不同的社会环境下，其目标优先序会发生调整。随着经济的发展及居民消费水平的提高，政府会根据不断变化的社会经济条件来调整其农业政策目标的重点。新中国成立以来历届领导集体，在制订各个阶段的农业经济发展计划时，表现出了明显的阶段性特点。改革开放以前，农业政策的主要目标是提高粮食生产，解决"吃得饱"的问题；改革开放至20世纪末，农业政策目标转向加快产中农业发展，满足城乡居民日益增长的多元化的消费结构，即粮食、蔬菜、肉、蛋、奶等多元化的消费结构，主要解决"吃得好"问题；进入21世纪，农业政策的目标重点，转向发展大食物和大农业、并提高农民收入。

我国是世界上人口最多的国家，而耕地资源和水资源却相对有限。保证食品的充足供应并使居民买得起是决策者最优先考虑的目标。粮食自给自足历来被视为是确保粮食安全的关键。1996年发布的中国政府白皮书提出中国粮食自给率要达到95%；2013年，中央经济工作会议提出"以我为主、立足国内、确保产能、适度进口、科技支撑"的粮食安全新战略，明确提出确保"谷物基本自给、口粮绝对安全"的国家粮食安全新目标。因此，粮食安全保障和自给目标是理解中国农业政策演变逻辑的关键之一。

2.4 中国农业发展阶段的划分

中国农业发展阶段划分除了要遵循经济发展的规律性，还需要充分考虑农业的基本功能、消费需求的层次性和递进性等多种因素。

2.4.1 满足居民生存需求是农业最基本的功能

人类的生存必须先保持自己充足的食物，这是人类赋予农业最基本的功能，这个功能不受历史阶段和社会形态的制约。然而，当农业劳动生产率超过生产者个人需要的食物时，就为一部分人从事其他生产和活动创造了条件，这时，农业起着社会分工和发展的基础作用。农业的这种满足人类生存需要的基本功能，适合一切社会形态，只是不同社会和国家的具体表现形式有所差别。

当今，美国国内生产总值部门构成中，农业部门所占比重极低，农业从业人员所占比重也极为低下，但农产品产量和人均占有量都很高，并出口大量的谷物和其他农产品。这是以其更高的农业劳动生产率，供养更多的人口方式，表现农业的基本功能。与美国不同，日本人多地少的国情需要进口大量的农产品，但日本以其先进的科学技术，大力发展农产品加工业，这是以"国内外农业为基础"来体现农业的基本功能。还有一些盛产石油的国家，靠大量进口农产品为生，这是以"国外农业为基础"来表现农业的基本功能（孙鑫，1993）。

中国处于社会主义发展的初级阶段，人多地少是基本国情，解决吃饭问题不能指望大量进口粮食，必须立足于国内，"解决吃饭问题是件头等大事"，"绝不放松粮食生产，积极发展多种经营"，"发展高产优质高效农业"等都表现出农业的基本功能。中国从 20 世纪 50 年代末期，特别是在农业生产遭受破坏、人民生活遇到严重困难时，加深了对农业作用的认识，从 60 年代初才较为广泛地使用"农业是国民经济基础"这一术语（孙鑫，1985），主要强调了农业在整个国民经济中的基础性地位。新时期现代农业的重要功能之一，就是既要不断提供充足、营养、安全的农产品，又以节约资源、安全生产和可持续发展为最高理念。不仅要以提高传统种养业生产能力和技术水平为手段增加农产品数量供给，更要不断注入现代科技、管理等要素，逐步提升农产品质量安全水平，提高农民收入，进而全面提高农业素质、效益和竞争力（刘旭，2011）。

另外，如果把满足居民日益增长的食物消费需求作为农业基本功能的话，那么除了这个基本功能外，农业同时还具有增加农民收入、提供衣着原料、工业原料、休闲娱乐、环境保护等多种功能。因此，农业基本功能的存在，并不意味着农业的其他功能将被忽视。

2.4.2　消费需求的层次性与递进性

恩格斯把消费资料分为三大类，即生存资料、发展资料和享受资料。

这对应于消费需求的三大层次。生存资料是劳动力简单再生产，补偿必要劳动消耗所必需的消费资料，所以生存资料是人们的最基本需要，是最低层次的生存保障。发展资料是劳动力扩大再生产所必需的消费资料，是第二大层次的需要。而享受资料是提高人们生活质量和水平，满足人们享乐需要的物质资料和精神产品（王延章，1988）。

马斯洛理论则把消费需求分成生理需求、安全需求、社交需求、尊重需求和自我实现等五类需求，层次顺序依次由低到高。生理需求是指对食物、水、空气和住房等最基础的需要，这类需求级别最低，人们在转向较高层次的需求之前，总是尽力满足这类需求。一个人在饥饿时不会对其他任何事物感兴趣，他的主要动力是得到食物。即使在今天，还有许多人不能满足这些基本的生理需求。

食物消费需求的层次性和递进性。消费层次的递进性划分，反映了经济增长的顺序变化。不论恩格斯的需求层次论，还是马斯洛的需求层次论，都将吃饭问题作为最基本的消费划分到了第一层次。具体到"吃"这一消费结构中，分为主食、副食和外食等消费层次。当消费者的购买力比较低时，主食所占的比重较大。随着消费者收入水平的提高，主食所占的比重逐渐减少，消费结构中所增加的开支量，逐步由主食转向副食、由副食转向外食等。

在中国日新月异的现代农业进程中，食物消费层次的递进性逐步被大众认可。20世纪70年代末以前，中国居民以粮食为主的温饱问题解决以后，对食物的需要发生了转换，不仅考虑维持生命所必需的能量，开始追求食物消费的多样化，从基本口粮到粮食、蔬菜、水果等多种消费形式，丰富粮食品种和优化食物结构的要求被提上日程。21世纪以来，随着居民收入水平的提高，居民开始追求绿色、健康、营养的食品。这也反映出居民对食物的消费需求具有层次性和递进性的特征。

社会平均利润率规律要求提高农民收入。传统的计划经济体制下，使用价值被高度重视，"只要是社会需要的产品，就是亏损也要生产"是当时流行的观点（徐翔，1991），而价值与利润被长期忽视。改革开放后，各企业、各单位不但追求利润最大化，而且还不断追求社会的平均利润率。

平均利润率是市场经济的客观规律，不管人们认识与否，它都在客观地发生作用。农业作为基础产业，也同样受到平均利润率规律的影响，而且直接关系到农民的收入高低。市场经济日益深化的今天，获得平均利润率是农业部门参与商品流通的必然要求。目前农业的许多问题，如种植业比较效益低下，大量农村青壮年劳动力离乡背井从事非农产业，大量良田荒废等，尽管这些复杂问题不能简单归结为某一个或几个方面的原因，有的甚至是历史造成的，但农业没有达到社会平均利润率应该是其中之一。因此，转变农业增长方式，力图提高农民收入，缩小城乡差距，是建设社会主义新农村，实现城乡和谐的必然要求。

农业产业结构需要不断优化。产业结构是指自然资源、人力资源、资本、技术等各类资源在社会各产业部门间的比例构成及关系，它们之间互相依存、互相制约。农业产业结构可以理解为一个国家（或地区）农业内部各产业部门如种植业、畜牧业、林业、渔业之间的内在关系，包括产值构成、各业产品之间的关系甚至分布结构等。由于农业生产与自然环境关系密切，农业产业结构同时受自然环境的制约，使得农业产业结构具有一定的地域性和相对稳定性。农业产业结构还受到一个国家（或地区）自然资源状况、农产品需求总量和结构、农业技术条件、社会经济政策等多重影响因素的制约。从农业产业结构变化的一般趋势来看，随着工业化、城镇化、现代化、信息化的推进以及人民生活水平的提高，要求农业生产出种类更加丰富的优质农产品、更多的饲料作物等。

2.4.3 粮食、食物和食品三个概念的理解

从古至今，人们对粮食概念的理解基本一致。早在两千年以前，中国就有"民以食为天"的说法。这里的粮食是"人类赖以生存的基础"，是世界通用的概念，联合国粮农组织（FAO）即"粮食与农业组织"，就是这个含义（任继周等，2003）；辞海里粮食的定义为："各种主食食料的总称，如：小麦、大米、高粱、玉米、薯类等"，通常提到的"手里有粮，心里不慌"，以及后来的"以粮为纲"，就是这个含义。《汉语大词典》定义粮食为："古时行道曰粮，止居曰食。后亦统称供食用的谷类、豆类和

薯类等原粮和成品粮"。

人们对食物概念的理解，众说纷纭。《语言大典》对食物的定义为："① （food）：属于碳水化合物、脂肪、蛋白质和补充物质（如矿物质，维生素）等物料，它被有机体所摄取或吸收而进入体内，以维持生长、修补和所有生命变化过程为目的，并供给有机个体的全部活动所需能量……"《汉语大词典》定义食物为：①吃的和其他东西；②吃粮食等。

人们对食品的概念界定，也没有统一。《语言大典》对食品的定义为：① （foodstuff）：食料、带有食物价值的一种物质、尤指加工后的原料；② （food）：食物，属于碳水化合物、脂肪、蛋白质和补充物质等物料，有规则就餐的主要物质；③ （victuals）：供给食品（对鲜美食品的诱人叙述）。《汉语大词典》定义食品：指荤食。《词洋》对食品的定义为：可以供人食用的东西，罐头食品，食品工业。《食品工业基本术语》对食品的定义：可供人类食用或饮用的物质，包括加工食品、半成品和未加工食品，不包括烟草或只作药品用的物质。《食品卫生法》对"食品"的法律定义：各种供人食用或者饮用的成品和原料以及按照传统既是食品又是药品的物品，但是不包括以治疗为目的的物品。目前网络上流行的一种看法是："食品是一种产品，是经由食物加工而来的"。

根据以上解释，本书认为："粮食"是小麦、玉米、大豆、高粱等的总称，是人类最基本的日常生活需求部分。"食物"是在"粮食"概念基础上，增加了蔬菜、肉蛋奶，以及部分初级加工品的内容。而"食品"则是在"食物"概念的基础上，将工业领域先进的精深加工技术引入消费领域，使居民日常饮食消费的种类更加丰富、方便、快捷，更重要的是营养更加丰富、全面和均衡。

2.4.4 中国农业发展三个阶段的初步界定

改革开放以前，满足居民的粮食消费需求，一直是农业发展的关键。然而，由于当时特殊的政治、社会、国际环境，使得该阶段农业的基本功能被限制在增加粮食产量，以满足居民生存需要上，该阶段称为"粮食主导农业"阶段。

改革开放以来至 20 世纪末，随着改革开放的逐步深化，满足居民日益增长的多样化食物消费需求，成为该阶段初期的主要目标，居民生活消费品种不仅包括粮食，还包括蔬菜及肉、蛋、奶等营养丰富的食品，该阶段被称为"食物主导农业"阶段。

21 世纪以来，中国城乡居民温饱问题已基本解决，食物供给种类日益丰富，居民饮食消费更加追求营养健康、方便快捷。但城乡二元结构也日益突出，使得"三农"问题成为制约经济快速发展的关键因素。该阶段里，本着深入贯彻落实创新、协调、绿色、开放、共享的发展理念，树立大食物观，应该把传统意义上的"产中农业"拓展成包括产前和产后的"大农业"，大力重视农业的产后发展，提高食品工业产值与农业产值的比例，提高居民食物消费结构中加工和深加工产品所占的比例，由传统的"生产什么吃什么"逐步向"营养指导消费，消费引导生产"转变。从而优化居民饮食消费结构，提高农业的附加值，最终提高"大农业"的比较劳动生产率和农民收入，该阶段被定性为"食品主导农业"阶段。

当然，对于三个阶段的理解，不能简单地以粮食、食物和食品三个概念，作为阶段内容的全部含义，而应以全面发展的思想来诠释；也不能以静止不变的思想来片面理解，误以为概念之间存在绝对的界限。事实上，三个阶段之间是一个逐渐过渡，内容不断丰富深化的过程。比如在"食物主导农业"阶段包含了"粮食主导农业"的内容，但是中心点发生了变化；在"食品主导农业"阶段又包含了"粮食主导农业"和"食物主导农业"阶段的内容，但在农产品的层次上有了根本性提高，阶段的内涵也更加丰富，并赋予其时代发达技术和人文精神需求的独特内容。

第 *3* 章

粮食主导农业的发展阶段
(1949～1978 年)

粮食主导农业阶段是指新中国成立至改革开放前，中国农业所经历的一段特殊历程。该阶段里，中国农业大致经历了农村土地改革、农业生产合作社、"大跃进"、"人民公社运动"、"农业学大寨"等，中国共产党对农业发展进行了不断探索，并取得了一定的成绩。从农业政策制定的根本着力点来看，受当时农业生产力水平、国内外形势等多种因素制约，农业支持工业、以粮为纲等粮食主导思想在该阶段农业政策中占主导地位。农业发展的策略也主要是满足居民已有和不断增长的粮食数量型扩张需求为主，农业发展战略的核心内容为"以粮为纲"，亦即粮食就是农业，农业就是粮食。而从国民经济发展战略来看，农业处于服务于工业的地位。该阶段农业发展的主要特征有：（1）农业比较劳动生产率低下；（2）农业种植以粮食为主；（3）粮食在农产品产量构成中处绝对优势且增速缓慢；（4）居民食物消费结构以粮食为主；（5）生产和耕作技术落后；（6）农民收入增长缓慢且工农产品剪刀差不断扩大；（7）优先发展重工业下，农民购买力低下等。

3.1 "粮食主导"农业的思想渊源

3.1.1 社会主义初级阶段的经济发展思想

中国社会主义初级阶段的经济发展思想，源于马克思、恩格斯及列宁的基本理论和苏联社会主义初期阶段的实践。就马克思对社会主义的构想来看，社会主义是在高度发展的资本主义经济基础上建立起来的，物质文明和精神文明高度发展。1949 年新中国成立后，同 1917 年走上社会主义道路的俄国相似，粮食问题是一切问题的基础，解决粮食问题成为首要任务，只有解决了这一任务，才能在这个基础上构建起社会主义。

3.1.2 "工业优先发展"的思想

从苏联经济转向新经济政策直到 20 世纪 20 年代末，苏联理论界围绕"在苏联经济落后条件下如何实现国家工业化的命题"，展开了一场对后世具有深远影响的工业化大论战。这是苏联经济思想自由表述的时期，经过激烈的争论，逐步形成了两种截然分明的经济发展理论观：一种是托洛茨基和普列奥布拉任基等左派为代表，奉行"社会主义原始积累"理论，主张用剥夺农村和牺牲消费品生产的办法来维持高得惊人的积累率，其口号是"速度决定一切"，经济纲领的核心是最大限度地对重工业进行投资，推崇一种不考虑经济部门之间比例、协调和平衡的非均衡经济发展战略；另一种是以布哈林为代表的平衡增长论者。斯大林当时选择了工业优先发展思路，其核心思想是，主张从优先发展重工业来实现国家的工业化，这种思想在当时特定的时代背景下，符合国家利益需要，在一定程度上为人民群众所接受。这种工业优先和非均衡的农业发展理论是中国当时面临的国内外形势的需要之一，并对新中国农业发展产生深远影响。

3.1.3 "农耕文明"的农本思想

我国农耕文明源远流长。农耕文明就是将粮食生产作为社会最重要的物质财富生产。早期人类生产力低下，生产、生活需要依附于大自然，先民曾以渔猎采集为生，逐渐演变到驯养和种植，这是农耕文明的起源和萌芽。与种植业相比，畜牧业需要更多的土地资源为保障。而种植业在光温水土资源条件适宜的土地上进行谷物生产，其经济效益和社会效益可能比畜牧业要高。在整体生产力水平比较低下时期，部分黄河流域地区逐渐从比较效益较低的畜牧业向种植谷物过渡。随后的铁制农具和牛耕的出现，使得这种耕田种粮进程进一步提速。特别是秦统一后，华夏民族逐渐进入了以谷物生产为主的农耕文明时期。

农耕文明时期，人类生存的主要食物载体是谷物，满足人类对谷物的需求是首要目标。诸多著名思想家、政治家都对粮食问题进行过论述，认为"民以食为天"，并提出以掌握粮食作为掌控社会的重要手段，甚至将国家对粮食的控制，如对粮食生产、调拨、流通、分配、储备及消费等控制权放在了重要地位，并鼓励社会实行各种仓储，以保障国家居民食物安全。因此，可以认为，农耕文明的农本思想以及在此基础上产生的"粮政"，不仅是国家稳定社会的客观需求，也是实现"民无不系于上"政治目的的现实需要。

中国人口从 1953 年的 5.83 亿人增长到 1964 年的 7.23 亿人，这其中还有 1959 ~ 1961 年的三年困难时期的巨大人口损失（葛剑雄，1994）。这种特殊的国情背景，决定了当时必须将粮食生产放在关系到国家安全的高度。

3.2 "粮食主导"思想贯穿该阶段农业政策的始末

3.2.1 "以粮为纲"基本方针是核心体现

1. "以粮为纲"方针提出的时代背景和逻辑基础

"以粮为纲"作为 20 世纪六七十年代中国社会的重要口号，是中国社会主义建设中针对粮食问题和整个农业的产业安排而提出的方针，是中国共产党始终把吃饭看成是农业领域最核心问题的具体体现，不仅反映了中国共产党对当时中国粮食安全问题的高度重视和极度担忧，也体现了政府部门对解决粮食问题的政策倾向。"以粮为纲"方针政策作为当时的重大战略选择，具有特殊的历史时代背景。首先是 1953 年，中国大面积农田受灾导致粮食局面紧张。为此，毛泽东在《关于召开全国粮食紧急会议的通知》中指出："从根本上找出办法来解决粮食问题，是全党刻不容缓的任务"。其次是新中国成立之初，工业发展所需。1949年新中国成立之初，中国国内、国际形势依然非常严峻，工业基础十分薄弱，制约了工业化的快速发展。因此"以粮为纲"蕴含着以农业促进工业，特别是钢铁工业，即以牺牲农业发展工业的战略目的。第三，苏联的经验给中国"以粮为纲"提供了范例。苏联通过"工占农利"和农业集体化策略，不仅解决了居民的粮食问题，还为工业化快速发展积累了重要的资金来源，这在当时是成功范例典型。

毛泽东深刻论述了粮食问题的重要性，并于1958年正式提出"以粮为纲"发展方针。毛泽东在诸多的会议讲话、文件批示和论著中，多次强调农业问题就等同于粮食问题，粮食是城乡居民的吃饭问题等，并主张要有步骤、有计划地提高粮食产量。

2. "以粮为纲"思想的内容

新中国成立至改革开放前，"以粮为纲"曾是我们党和政府指导农业生产和工作的重要方针，其全面准确表述应该是"以粮为纲、全面发展"。1958年8月，毛泽东在徐水县视察时，谈到"要抓粮食规划，要多种小麦，多种油料作物，种菜也需要多品种，这样来满足人民的需要"①。1960年3月，《关于全国农业工作会议的报告》指出，该阶段里，我国农业发展是：以粮为纲，"粮、棉、油、菜、糖、果、烟、茶、丝、麻、药、杂"12个字统一安排，全面发展多种经营。1962年，国家正式提出了"以粮为纲，全面发展"的农业发展方针。因此，"以粮为纲"并非单纯地把粮食作为独一无二的生产目标，没有排除多种经营，而是农业生产的相对综合平衡。当年，面对苏联专家撤退和国内粮食供应紧张状况，通过了《中共中央关于全党动手，大办农业，大办粮食的指示》，强调了农业在国民经济中的基础地位，粮食是基础的基础。再次强调"以粮为纲，全面发展多种经营的方针"必须坚持。

3. "以粮为纲"的主要作用及客观评价

对于一个有六亿五千万人口的大国，吃饭是中国的第一件大事。因

---

① 《毛主席视察徐水安国定县》，载《人民日报》1958年8月11日。

此,"以粮为纲"这一农业发展思想,首先解决了占当时世界7%人口的吃饭问题,同时也在一定程度上为中国当时工业发展所需要的粮食和原料提供了保障。此外,"以粮为纲"曾在1966～1976年发挥了重要的确保粮食产量作用。"文化大革命"时期,全国形势紧张,然而"以粮为纲"是毛泽东提出来并给予充分肯定的,为国务院、各省、市、县粮食生产常抓不懈提供了基本方针。全国粮食总产量十年间增长了1 446亿斤,增幅达到33.8%,粮食产量能够保持相对稳定的增长,离不开"以粮为纲"方针的贯彻落实。但是"以粮为纲"在特殊历史政治时期,由于没能得到正确理解和理性执行,并没有真正解决中国的粮食问题,相反,对中国粮食生产的健康发展还造成一定的不良影响。

3.2.2　五个"五年计划"是粮食主导农业核心思想的政策落实

中国的"五年计划",是中国国民经济发展脉络的集中反映,体现了政府对经济发展的预期和努力目标。其中前五个"五年计划"是新中国第一代领导人集体智慧的充分体现,是在当时特定条件下的历史性选择。前五个"五年计划"关于农业发展战略的论述部分,使粮食主导农业思想得到有力体现。

1. 第一个五年计划提出了农业增产措施

第一个五年计划是从1953年到1957年,是在党中央的直接领导下,由周恩来、陈云同志主持制订的国民经济发展计划。该计划指出"农业生产供应全国人民的食粮,同时,农产品做原料的工业产品,又占目前国家工业总产的50%以上,而且进口工业设备和建设器材所需要的外汇,绝大部分也是农产品出口换来的。因此,发展农业是保证工业发展和全部经济计划完成的基本条件"。可见,农业在当时肩负着供应全国居民食粮、支持工业发展和赚取外汇的多重任务。

由于自然灾害和原拟订目标偏高等原因,1953年和1954年两年的粮食生产没有完成原定的计划,使得1955年农业增产成为一项重要的任务。该计划的农业增产中特别强调粮食增产的办法。"那么,用什么方法才能使农业增产——特别重要的是粮食的增产呢?"，计划指出了两条主要办法:第一，必须积极地、有步骤地在自愿互利原则的基础上，组织农业生产合作社，把分散的小农经营组成几十户或更多户的联合经营，积累资金，增加农业投资，就能够使用改良工具，兴修水利，提高农业的耕种技术，实现个体农民难以单独进行的种种增产措施;第二，增加玉米、薯类等高产量作物的播种面积，也是克服粮食不足的一个重要办法。玉米比别的杂粮产量可能增加一半，薯类像红薯、土豆等则比一般杂粮的产量要多五六倍。毫无疑问，扩大这些高产作物的播种面积，对缓和中国粮食紧张的局面将有重要的作用。可见粮食增产、克服粮食不足在当时尤为迫切。

从第一个五年计划关于粮食增产的政策可以看出，粮食对中国居民食物保障、工业发展、城市建设和国防建设的重要性是巨大的，粮食主导农业发展的决策是当时历史的必然选择。因此，第一个五年计划中关于农业增产的措施，是粮食主导农业思想的体现之一。

2. 第二个五年计划仍然将增加粮食产量作为农业发展的重点

1956年9月召开的党的"八大"，正式通过由周恩来主持编制的《关于发展国民经济的第二个五年计划的建议报告》。《建议》明确指出第二个五年计划的中心任务仍然是优先发展重工业，这是社会主义工业化的主要标志。但同时又指出必须大力发展农业生产。在合作化的基础上，积极推广一切可能的增产措施，以便继续提高粮食和各种经济作物的单位面积产量。大力兴修水利，加强防洪排涝措施，开展水土保持工作。按照可能条件，开垦东北、西北和华南等地区的荒地，增加耕地面积，并且适当地发展国营农场。因此，第二个五年计划关于农业的发展，仍然主要是提高粮食产量，以满足城乡居民的生活需求（刘国光，2006）。

3. 第三个五年计划第一次提出解决"吃穿用"的思路

1966年开始的第三个五年计划，是中华人民共和国经济建设史上一个具有特殊意义的计划。其思想经历了由"解决吃穿用"到以战备为中心的变化，标志着中国经济建设发生了重大战略转变，计划的指导方针一直影响到1971～1975年的"四五"计划。

陈云最早提出了抓"吃穿用"的思路。1962 年 2 月，他在《目前财政经济的情况和克服困难的若干办法》中指出"增加农业生产，解决吃、穿问题，保证市场供应，制止通货膨胀，在目前是第一位的问题"，必须"在国家计划中把这些事情摆在头等重要的位置"。同年 4 月，国家计委提出了《第三个五年计划（1966~1970 年）的初步设想》（汇报提纲），规定基本任务之一是大力发展农业，基本上解决人民的吃穿用问题。然而由于国际风云变幻，改变了计划指导思想，当年 9 月，国家计委拟定并经中央讨论通过了《关于第三个五年计划安排情况的汇报提纲》。明确提出："三五"计划必须立足于战争，从准备大打、早打出发，积极备战，把国防建设放在第一位，加快"三线"建设。因此，尽管第三个五年计划从解决"吃穿用"向以战备为中心改变，但对农业的发展，其思路仍是增加粮食产量，解决居民的吃饭问题。

4. 第四个五年计划的核心是解决粮食的自给问题

1970 年拟订了《"四五"纲要（草案）》，提出，在"四五"期间，各省、市、区要在最短时间内，力争实现《全国农业发展纲要》提出的要求；按农业人口平均每人一亩旱涝保收、稳产高产田，做到粮食、油料自给有余；耕作机械化程度达到 40%~50%。尽管当时提出的目标比较高，在当时的条件下难以实现，但其指导思想却是解决粮食的自给问题。

1975 年是"四五"计划的最后一年，11 月 2 日，全国计划会议召开，讨论国家计委拟订的《发展国民经济十年规划要点》。指出：今后 10 年国民经济的发展，要着重搞好三件事，其中第一件事，是建立比较稳固的农业基础，农业规划要搞好粮、棉、油、麻、丝、茶、糖、菜、烟、果、药、杂十二个字的布局，做到"以粮为纲，全面发展"。说明 20 世纪 70 年代中后期，中国农业发展政策思路已由小农业逐步向中农业转变。

5. 第五个五年计划提出了粮食发展的具体目标

1975 年，中共中央制定了《1976~1985 年发展国民经济十年规划纲要（修订草案）》，安排了"五五"计划，提出了奋斗目标和实现目标的具体要求。这些要求包括：建立起稳固的农业基础，1980 年，基本实现农业机械化，缺粮省区实现粮食自给。1985年全国人均粮食产量达到800斤，农业主要作业机械化程度达到85%以上，按农业人口达到1人1亩旱涝保收，高产稳产农田，农林牧副业达到较高水平。由于在制定目标的时候，没有准确认清当时严峻的形势，目标制定在很大程度上缺少可行性，但这在当时，确实为中国农业未来的发展指明了目标和方向。

❸.❸ "粮食主导"思想在农业生产和实践中的集中体现

3.3.1 土地改革使得增加粮食产量成为可能

旧中国的封建土地所有制下，占农村人口不到10%的封建地主和富农拥有70%~80%的土地和大部分耕畜、农具，农民通过地租形式租种土地，地租负担很重，严重束缚了生产力发展，制约了社会进步。新中国成立后，中国共产党和人民政府顺乎民意，改变不合理的土地制度，采取分类指导、循序渐进的方针，在农村有计划、分步骤地实行了土地改革。1950年，中国颁布了《中华人民共和国土地改革法》，在全国迅速推行了土地改革，1953年底，除新疆、西藏等少数民族地区外，大陆已基本完成了土地改革。这场土地改革运动，彻底废除了封建土地租佃制度，没收了地主的土地，平均分配给无地和少地的农民，实行耕者有其田的农民土地个人所有制，使贫苦农民第一次成为了土地的主人，不再遭受地主的剥削和压迫。土地改革后，中国农村中的自耕农约占总农户的85%~90%，以小块土地私有为特征的一家一户小农经济，在农村经济生活中占据了主体地位。"在1950年~1952年，全国大约有3亿农民分得了7.3亿亩土地和其他生产资料"①。

土地改革使农民生产粮食的积极性得到了空前的释放。这是广大农民的长期夙愿，也是刚刚成立的新中国政权赖以存在和巩固的最重要制度保障。因此，土地改革大大解放了生产力，促进了国民经济和农业生产的迅

---

① 党国英：《中国农村变革60年回顾与展望》，载《人民论坛》2009年第19期。

速恢复和发展。1952 年粮食总产量达到 16 391.1 万吨，是新中国成立前最高粮食总产的 1.09 倍。这是新中国成立以来，农业所取得的阶段性成就，对当时国民经济和农业持续发展，都起到了积极的推动作用。

3.3.2 统购统销政策是粮食主导农业思想的拓展

土地改革完成后，国家高度重视农业生产的恢复，并将农民购买力提高作为激活市场、发展经济的关键手段。实践证明，系列政策的实施，使得农村经济得以恢复，大宗农产品产量屡创新高。然而，"工业优先发展"思想，使得相对于迅速发展的工业需求而言，国家仍感觉到掌握的粮食、棉花等生产资料严重缺乏。这是统购统销政策实施的重要原因。此外，另一个重要原因是对粮食市场价格的控制权，即国家试图通过吞吐全社会的粮食来影响粮食的市场价格。1952 年全国粮食市场价格比较稳定，但 1953 年情况有所变化，"在 1952 年 7 月 1 日至 1953 年 6 月 30 日的粮食年度里，全国的粮食上市总交易量达到 1 740 万吨，国营商业和供销社收购了其中的 70%，未能完成预定的收购计划。粮食商人采取投机行为，使粮食价格有了明显提高"（邓一鸣，1993）。加之，受朝鲜战争爆发等国际环境影响，粮食紧张问题更加凸显。1953 年 11 月，中央人民政府政务院正式下发了《关于实行粮食的收购和计划供应的命令》，统购统销政策正式付诸实施。国家通过统购统销制度，控制了绝大多数粮食。

3.3.3 农业合作化运动是粮食主导农业的重要组成部分

土地改革释放了农民生产力，提高了农民生产粮食的积极性，粮食和棉花产量都有了大幅度的提高，大多数农民获得了生活上的改善。而土地改革实行的是农民土地私有制，这种以私有制为基础的落后小农经济，家底很薄，生产手段落后，抵御自然灾害的能力很弱，无法采用新的农业技术，容易产生两极分化。为此，以毛泽东为首的党的第一代领导集体，创造性地运用了合作社的方法，实现了对农业的私有向集体的社会主义改造，把农民的土地全部由私有转为集体所有，从而避免了两极分化倾向的产生。此外，统购统销政策实施过程中，遇到一些阻力。因此必须找出一种合适的路径，把分散的个体农民编进纪律严明的队伍，让粮食掌握在集体手中，而不是农民个人手中，就不愁农民不交售。中央政府在1955年提出了加快农业合作化的方针政策，并在1956年铲除了土地私有制，实现了合作化。可见，合作化是当时特定时代背景下提出的，是为了实现"农业支持工业"、大力提高粮食产量的选择，是粮食主导农业的重要组成部分。

3.3.4 "农业学大寨"是粮食主导农业发展思想的一种体现

大寨村位于山西省昔阳县，土壤贫瘠、耕地条件差。但在大寨党支部书记陈永贵的带领下，全村自力更生、艰苦奋斗，开创了一条粮食生产的道路，使得农业基本条件得到改善，粮食生产得到提高，这些经验和做法引起了社会各界的关注。1964年，毛泽东在不同场合，多次提到"农业要靠大寨精神"，大寨的经验和先进事迹得以广泛宣传。在"农业学大寨"精神的激励下，全国涌现出一大批大寨式的农业生产典型。直到1970年8月，"农业学大寨"总体上处于健康发展时期，其提倡的艰苦奋斗精神，在一定时期和一定范围内曾产生过积极的影响，如对于推动农田基本建设、激发农民生产积极性、改变农村落后面貌，都起到了一定的作用。"四五"计划初期掀起的兴修水利、改造农田的农村基本建设高潮，就是以大寨为榜样。通过治山造田、治河修渠的农田水利基本建设活动，增强了中国农田灌溉和防涝抗旱能力，为20世纪80年代农村联产承包责任制经营方式下抗御旱涝灾害侵袭提供了重要保障。

同时，"学大寨"运动采取的一些措施，如修造农田、修堤铸坝、治理水害等，都是粮食主导农业思想的体现。另外一些措施，如减少或取消自留地，劈山造梯田，单一发展农业，在农业中又单一发展粮食生产，开展"移山造田"、"填湖填海造田"、"菜农种粮"、"经济作物上山"等大规模活动，也是粮食主导农业的表现形式之一。"文革"期间，大寨经验在特殊政治背景下失去了原本的意义，但在一定程度上都是当时"以粮为纲"粮食主导农业思想的真实反映。

3.3.5　农村改革序幕揭开，粮食主导农业政策逐步移位

早在 20 世纪五六十年代，浙江、安徽、广西等省就出现过包产到户，但都被否定。1967 年，在中共中央的指示下，全国农村掀起了对"三自一包"、"四大自由"的大批判，但与此同时，全国农村地区普遍存在大锅饭的平均主义，"干与不干、干多干少一个样"，甚至"多干不如少干，少干不如不干"，严重扼杀了农民从事粮食生产的积极性，导致很多地方无米下锅，甚至出现外出乞讨现象。

1978 年，安徽凤阳县小岗村 18 位农民，顶着风险做出"分田单干、包产到户"的决定。经过 1 年多的探索，1980 年邓小平赞扬了包产到户的做法，成为农村改革的突破口。从此，中国农村改革拉开了序幕。"以粮为纲"的粮食主导农业政策将逐步发生变化和移位。

3.4　粮食主导农业阶段中国农业发展的状况和特征

3.4.1　农业比较劳动生产率低下

新中国成立至改革开放前，农业在国民经济中占有相当重要的地位，它为中国提供了近40%的 GDP，解决了近80%的就业。在对外贸易中，农业的地位也很显著，农产品及其加工品出口占总出口额的比例接近40%（见图 3 - 1）。为支援工业和国民经济其他部门的建设，换取了巨额外汇。另外，农业为工业提供了大量原料。1953 ~ 1979 年，以农产品为原料的轻工业产值（按可比价格计算）共增长 8.85 倍，平均每年增长 8.1%。

1. 农业人口占总人口的比重居高不下

新中国成立至改革开放前的近 30 年里，中国总人口增加了 79.2%，农业人口增加了 81.9%。农业人口的增长速度超过全国总人口的增长速度，农业人口占总人口的比重一直在 80% 以上（见表 3 - 1），远远高于同

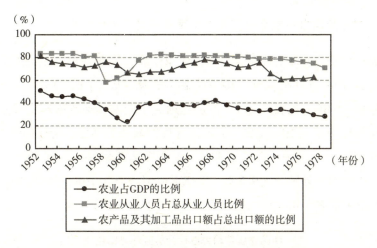

图3-1　1952~1978年农业在国民经济中的地位

资料来源：中国国家统计局：《中国统计年鉴》；《中国对外经济贸易年鉴》（1990）。

时期的其他国家农业人口比重（见表3-2），如1950年，美国、法国和日本的农业人口占总人口的比重分别为15.3%、24.5%和45.9%，即使印度也只有70.2%，都低于当时的中国。1950~1978年间，美国、法国、日本和印度农业人口比重都有显著下降，如美国下降到3.7%，法国、日本和印度分别下降到9.5%、12.2%和64.6%，但中国反而有所提高，从83.4%提高到84.6%。从这个意义上说，该阶段的中国是名副其实的农业人口和农业生产大国。

表3-1 　　　　　　　　　　**中国农业人口占总人口的比重** 　　　　　　单位：%

年份	1949	1952	1957	1962	1965	1970	1975	1978	1979
占比	82.6	85.6	83.6	83.3	83.3	85.2	85.0	84.6	83.8

资料来源：《中国农业年鉴》（1980）。

表3-2 　　　　　　**世界一些国家农业人口占总人口比重比较** 　　　　　单位：%

年份	美国	法国	日本	印度	中国
1950	15.3	24.5	45.9	70.2	83.4
1965	6.4	15.7	24.2	70.0	83.3
1978	3.7	9.5	12.2	64.6	84.6

资料来源：《中国农业年鉴》（1980）。

2. 农业劳动力占社会总劳动力比重高于世界平均水平

从农业劳动力占全社会总劳动力比重来看，该阶段里，中国农业劳动力占社会总劳动力比重有缓慢下降趋势，从 1952 年的 83.5%，下降到 1978 年的 73.8%（见表 3-3），但仍远远高于同期其他国家和世界平均水平，如 1965 年，美国、法国、日本和印度的农业劳动力占全社会劳动力的比重只有 7.8%、18%、24%、70%。而中国达到 81.6%；到 1978 年，法国、日本和印度分别降到 9.5%、12.5% 和 64.6%，中国依然高居 73.8%，都远远高于世界平均水平（见表 3-4）。

表 3-3　　　　　　中国农业劳动力占社会总劳动力比重　　　　　　单位：%

年份	1952	1957	1962	1965	1970	1975	1978
比重	83.5	81.2	82.1	81.6	80.8	77.2	73.8

资料来源：《中国农业年鉴》（1980）。

表 3-4　　　　　世界一些国家农业劳动力占社会总劳动力的比重　　　　　单位：%

年份	美国	法国	日本	印度	中国	世界平均
1965	7.8	18.0	24.0	70.0	81.6	—
1970	5.3	13.7	19.7	69.3	80.8	50.9
1978	—	9.5	12.5	64.6	73.8	46.2

资料来源：《中国农业年鉴》（1980）。

3. 农业比较劳动生产率在逐步降低

作为衡量农业劳动者生产效率的重要指标之一，农业比较劳动生产率，是指农业增加值占国内生产总值的比重与农业从业人员占全部就业人员的比重的比值，计算公式为：农业比较劳动生产率 = 农业增加值占 GDP 比重/农业就业人数占就业人数比重。农业比较劳动生产率处于下降趋势，从 20 世纪 50 年代之前的平均超过 0.5，下降到 70 年代的 0.4 左右。主要原因是与非农业产业相比，农业增加值在国内生产总值中所占的比重下降速度，快于从业人员所占的比重下降速度。说明了与其他产业劳动生产效率相比，农业劳动者的生产效率越来越低，值得深思。

3.4.2 农业种植以粮食为主

1. 粮食种植面积在农业总播种面积中占据首要位置

种植业是人类社会赖以生存和发展的最基本产业。具体地讲，种植业主要指粮、棉、油、糖、麻、丝、茶、菜、烟、果，药、杂的生产事业。1949～1978年间，在农业总播种面积中，粮食播种面积所占比重一直很大，占80%以上；而经济作物播种面积所占比重一直在10%以下（见表3-5）。这是"以粮为纲"政策背景下，"粮食就是农业，农业就是粮食"思想在生产实践上的具体体现，也是粮食农业阶段的显著特征之一。

表3-5　　　　　　　　　粮食与经济作物播种面积及其比例

年份	粮食		经济作物		其他农作物
	种植面积 （亿亩）	占总播种面积 （%）	种植面积 （亿亩）	占总播种面积 （%）	占总播种面积 （%）
1952	18.6	87.8	1.87	8.8	3.4
1957	20.0	85.0	2.17	9.2	5.8
1962	18.2	86.7	1.31	6.2	7.0
1965	17.9	83.5	1.83	8.5	8.0
1970	17.8	83.1	1.76	8.2	8.7
1975	18.2	81.0	2.01	9.0	10.1
1978	18.1	80.4	2.17	9.6	10.1

资料来源：《中国农业年鉴》（1980）。

从变化情况来看，1952～1978年的27年间，粮食播种面积减少了0.5亿亩，平均每年减少192万亩，年均递减率为0.1%，减幅较小；经济作物播种面积波动较大，20世纪60年代，呈下降趋势，之后又有所回升，1978年比1952年增加了0.3亿亩，年均增长率为0.57%，同期其他农作物播种面积也有所增长。总之，新中国成立至1978年以前，粮食占总播种面积的比重虽然有所下降，但一直在80%以上；经济作物在总播种面积的比重有所上升，但增幅很小。这种以粮食为主的种植面积结构特征，是粮食主导农业模式的现实反映之一。

2. 粮食播种面积中稻谷、小麦和玉米等三大作物品种所占比重大

1952 年,稻谷、小麦和玉米三大作物种植面积占粮食总播种面积的52.9%,到 1978 年增长到了 69.2%,增长了 13.2%,年均增长 1%(见表3-6)。三大作物品种比较来看,稻谷和小麦是居民的重要口粮,在粮食作物中所占的比重平均都超过 20%,其中稻谷 1975 年所占比重接近 30%。而玉米所占的比重从 1952 年的 10.1%,增加到 1978 年的 16.5%,增速也较快。说明该阶段里,受当时粮食为主导的农业政策影响,稻谷、小麦和玉米等口粮作物是一直是农业的重中之重。

表 3-6　　　　　　　　粮食作物种植面积构成变化　　　　　　单位:%

	1952	1957	1962	1965	1970	1975	1978
粮食作物	100	100	100	100	100	100	100
期中:稻谷	22.9	24.1	22.1	24.9	27.1	29.5	28.5
小麦	19.9	20.6	19.8	20.6	21.3	22.9	24.1
玉米	10.1	11.2	10.5	13.1	13.2	15.3	16.5
稻谷、小麦、玉米之和	52.9	55.9	52.4	58.6	51.8	67.7	69.2

资料来源:《中国农业年鉴》(1980),作者整理计算。

3. 除粮食以外的其他农作物种植面积很小且变化不大

在这一以粮食为主导的阶段里,粮食以"三大谷物"为核心,其余作物如油料、棉花、糖料、蔬菜和果类等种植面积较少,从 1949 年至 1978年的近 30 年间,油料种植面积从 0.63 亿亩增加到 0.93 亿亩,棉花从 0.42亿亩增加大 0.73 亿亩,糖料、蔬菜和果园都有较少幅度的增加,体现了该阶段的农业政策尽管考虑到全面发展,但重点是解决居民粮食特别是口粮消费为主的满足温饱为主要目标(见表 3-7)。

表 3-7　　　　　　　除粮食以外的其他农作物种植面积变化　　　　单位:亿亩

年份	油料	棉花	糖料	蔬菜	果园
1949	0.63	0.42	0.02		
1952	0.86	0.84	0.03		0.10
1962	0.62	0.52	0.04		0.13

续表

年份	油料	棉花	糖料	蔬菜	果园
1972	0.79	0.73	0.11		0.18
1977	0.85	0.73	0.13	0.50	0.25
1978	0.93	0.73	0.13	0.50	0.25

资料来源：《新中国五十年农业统计资料》。

3.4.3　粮食在农产品产量结构中处绝对优势但增速缓慢

1. 粮食总产量在波动中缓慢增长

新中国成立初期，土地改革激发了农民从事农业生产的积极性，使得粮食生产得到迅速恢复和发展。1957 年全国粮食总产量达到 19 505 万吨，比 1949 年的 11 318 万吨增加了 8 187 万吨，增长 72.3%。1958~1965 年，由于受到当时政治影响，再加上 1959~1961 年连续 3 年的自然灾害，种植业受到严重的损害，1965 年才基本恢复到 1957 年的水平。1966~1976 年的文化大革命把"以粮为纲"的方针推向极端。因此，该阶段里，粮食产量只是在曲折中缓慢增长（见图 3-2）。

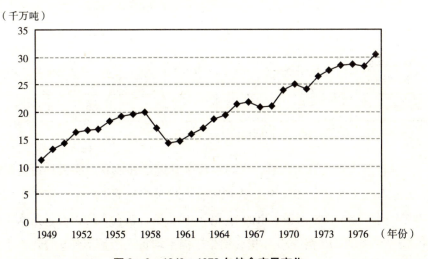

图 3-2　1949~1978 年粮食产量变化

资料来源：《新中国五十年农业统计资料》。

2. 粮食在农产品产量结构占绝对优势

新中国成立至改革开放前，中国主要农产品产量都在以不同的增长速度差异化发展，以解决居民的吃饭及温饱问题为主要目标。这30年间，粮食增长了1.7倍，年均增长3.5%；水产品增长了9.4倍，年均增长8.4%；糖料、茶叶、水果、猪牛羊肉、油料等增长也比较快（见表3-8）。由于除粮食以外的其他农产品基数小，计算的增幅相对较大，但从产量的绝对值来看，粮食仍占绝对优势。

表3-8　　　　　　　主要农产品产量及其增长变化　　　　　单位：万吨

年份	粮食	棉花	油料	糖料	茶叶	水果	猪牛羊肉	水产品
1949	11 318	44.4	256.4	283.3	4.1	120.0	220.0	45.0
1952	16 392	130.4	419.3	759.5	8.2	244.3	338.5	167.0
1962	16 000	75.0	200.3	378.2	7.4	271.2	194.0	228.0
1970	23 996	227.7	377.2	1 556.0	13.6	374.5	596.5	318.0
1975	28 452	238.1	452.1	1 914.3	21.1	538.1	797.0	441.0
1976	28 631	205.5	400.8	1 956.3	23.3	540.4	780.5	448.0
1977	28 273	204.9	401.7	2 020.8	25.2	568.5	780.0	470.0
1978	30 477	216.7	521.8	2 381.8	26.8	657.0	856.3	466.0
1978比1949年增长（%）	169.3	388.1	103.5	740.7	553.7	447.5	289.2	935.6
年均增长（%）	3.5	5.6	2.5	7.6	6.7	6.0	4.8	8.4

资料来源：《新中国五十年农业统计资料》。

从产品人均占有量来看，人均粮食占有量是其他农产品人均占有量的几十倍甚至上百倍。1952年，人均粮食产量是棉花的124倍，猪牛羊肉的40倍，水产品的98倍和水果的66倍；1978年，粮食人均占有量是水果的47倍，奶类的317倍。30年里，猪牛羊肉平均每人产量不到9公斤，水果不到7公斤，奶类平均每人产量不到1公斤，而粮食却达到300公斤以上（见表3-9），是典型的粮食主导模式的农业产业结构。

表3-9　　　　　　　　按人口平均的主要农产品产量变化　　　　　　单位：公斤

年份	粮食	棉花	油料	糖料	猪牛羊肉	水产品	水果	茶叶	奶类
1949	209.0	0.8	4.7	5.2	4.1	0.8	2.2	0.1	0.4
1952	285.2	2.3	7.3	13.2	5.9	2.9	4.3	0.1	
1959	253.0	2.5	6.1	18.1	5.1	4.6	6.3	0.2	0.4
1969	261.5	2.6	4.1	15.9	7.3	3.6		0.2	0.7
1970	289.1	2.7	4.5	18.7	7.2	3.8	4.1	0.2	
1975	307.9	2.6	4.9	20.7	8.6	4.8	5.8	0.2	1.1
1976	305.5	2.2	4.3	20.9	8.3	4.8	5.8	0.3	1.0
1977	297.7	2.2	4.2	21.3	8.2	4.9	6.0	0.3	1.0
1978	316.6	2.3	5.4	24.7	8.9	4.8	6.8	0.3	1.0

资料来源：根据《中国统计年鉴》主要粮食产量与年末人口计算得出。

3. 人均粮食占有量波动较大且增长缓慢

这一阶段人均粮食占有量变化波动较大。1949～1958 年，人均粮食占有量增长较快，从 1949 年的 209 公斤，增加到 1958 年的 300 多公斤（见图 3-3）。然而，之后的年份里，人均粮食占有量不仅没有增加，还有所降低，直到 1975 年才基本恢复到 1957 年的水平。这里除了人口增长率较快、自然灾害等原因外，更多的是当时农业政策变化导致农业制度安排效率低下等多种因素造成的。

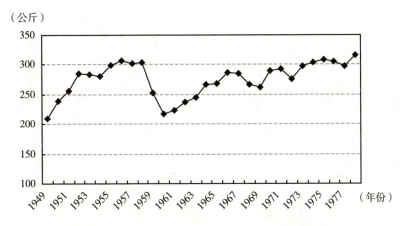

图 3-3　1949～1978 年按人口平均的粮食产量变化

资料来源：《新中国五十年农业统计资料》。

3.4.4 居民食物消费以粮食为主

1. 居民消费恩格尔系数偏高

1949～1978 年间，全国、农村和城镇居民平均消费水平分别为 124.96 元、97.52 元和 248.56 元，农村消费水平远远低于城镇和全国的平均消费水平。全国食物消费支出比重（即恩格尔系数）长期在 60%以上，按照国际标准，属于贫困阶段（国际上恩格尔系数在 60%以上为贫困，50%～59%为温饱，40%～49%为小康，30%～39%为富裕，30%以下为最富裕）。

2. 居民食物消费以粮食为主、蔬菜为辅

从城乡居民食物消费构成来看，粮食是最重要的食物来源，人均粮食消费数量远远超过其他农产品消费总量之和。1961 年，人均粮食消费量 161.5 公斤，到 1978 年，增加到 209.3 公斤，年均增长 1.5%；肉类从 1961 年的 3.8 公斤增加到 1978 年的 11.3 公斤，年均增长 6.6%，增长较快，但肉类消费仍处于较低的水平。蛋、奶和鱼类消费数量少且变化不大；而蔬菜消费量有所减少（见表 3－10）。这种以粮食为主的消费结构，除了与中国居民的传统消费习惯有关外，还受到以粮食为主导的农业政策的影响。

表 3－10　　　　　　　　主要农产品人均消费量变化　　　　　　　单位：公斤

年份	粮食	糖料	油料	植物油	蔬菜	水果	肉类	蛋	奶	鱼类
1961	161.5	0.3	0.7	1.2	78.8	7.3	3.8	2.1	2.5	4.8
1965	184.9	0.3	0.9	1.8	56.9	4.6	9.1	2.0	2.4	4.9
1970	189.0	0.3	1.0	1.9	44.4	5.0	9.1	2.1	2.2	4.5
1975	194.2	0.2	0.9	2.0	47.2	6.3	10.6	2.2	2.4	5.6
1978	209.3	0.3	0.9	2.4	52.1	7.1	11.3	2.5	3.1	5.4

注：这里的粮食不包括啤酒，油料作物不含大豆，大豆属于粮食；水果中不包含葡萄酒；奶不含黄油；鱼类包括海产品。

资料来源：FAO。

3.4.5 粮食由净出口逐渐转向净进口且进口量不断增大

1. 粮食由净出口转向净进口

新中国成立之初的近十多年里，中国粮食进口微不足道，以出口为主，出口以大豆和大米为主，该时期作为农业净出口国，粮食自给率超过100%（见图3-4），处于绝对安全的水平。从粮食出口的原因来看，并不是因为国内粮食产量供大于求，或粮食结构性过剩，而是出口粮食以换取外汇，进口工业品，支持国内工业发展的需要，即用"粮食换机器"。20世纪60年代以后，直到改革开放初期，除个别年份，中国都是粮食的净进口国，而且净进口数量不断增加，主要是由于政策的某些偏差，再加上国内自然灾害频发，使得中国粮食的供给严重短缺，从而不得不开始增加粮食的进口数量（柯炳生，1995）。粮食进口的品种比较单一，以小麦为主，占粮食进口数量的90%以上。仅有的部分出口也从50年代的以大豆为主，转变成60年代和70年代的以大米为主。这种粮食不安全的严峻形势，更加剧了政府的粮食主导农业的思想；同时，也对粮食主导农业思想的效率

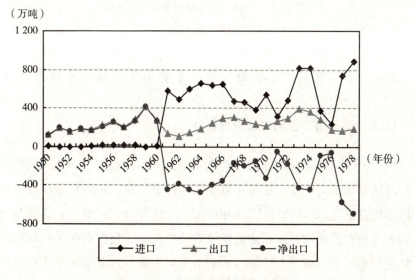

图3-4 1949～1978年粮食进出口

资料来源：《中国统计年鉴》和历年《海关统计年鉴》。

和效益提出了质疑。

2. 粮食自给率有所降低但仍处于绝对安全状态

新中国成立直到 20 世纪 60 年代初，中国粮食自给率都在 100% 以上（见图 3 - 5），但国内仍未真正解决居民的"吃饱"问题；之后，中国粮食自给率有所降低，但仍在 98% 以上；1950 ~ 1978 年的 29 年间，中国粮食自给率平均高达 99.6%，处于绝对安全状态。这是粮食主导农业阶段政府对"粮食安全"意识的客观反映。

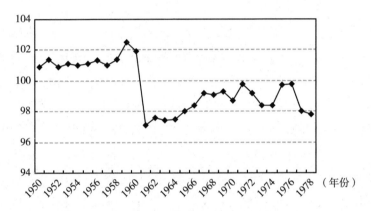

图 3 - 5　1950 ~ 1978 年粮食自给率变化

资料来源：《中国统计年鉴》和历年《海关统计年鉴》。

3.4.6　农业总产值增速缓慢，粮食为主的种植业所占比重大

1. 农业总产值在波动中缓慢增长

1949 ~ 1952 年期间，农业生产恢复至抗战前最高水平。这一时期，农业的迅速增长主要是靠大量的人力投入、荒地复耕、水利设施改进等措施得以实现的。之后，1953 ~ 1957 年的第一个五年计划时期，农业灌溉面积与农业劳动力的增加，以及耕地复种指数的提高，使得农业生产取得了较大幅度的增长，但由于政策偏向于重工业的发展，农业增长速度已经有所回落。1958 ~ 1962 年的人民公社和"大跃进"时期，农业生产是负增长，1960 年农业总产值还未达到 1952 年的水平。之后是三年重整时期，农业

再度出现起色。1966～1978 年，"文化大革命"与整顿恢复时期，农业又经历了一次波折，增长缓慢。总之，1949～1978 年的 30 年里，中国农业在波折中成长，农业总产值增长若以 1952 年为基期，1978 年总指数为206.2%，较 1952 年增加 106.2%。这 27 年间，农业总产值仅提高了约 1 倍，增长较为缓慢（见图 3－6）。这种起伏波动的原因，不单是自然或市场因素，更重要的是政策变动。因此，在当时高度计划经济体制下，农业受国家发展战略及政治运动的影响大且深远。

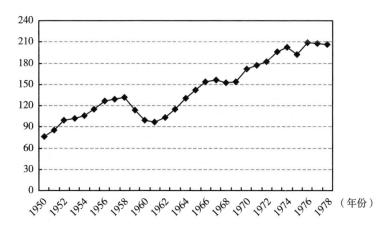

图 3－6　农业总产值指数变化（1952＝100）

资料来源：《中国统计年鉴》（1981 年）。

2. 以粮食为主的种植业产值占农林牧副渔业总产值比重高

该阶段，中国农业产值在农林牧副渔业总产值中所占比重有所下降，而副业（主要指农家的农产加工和手工业）产值所占比重上升较快，从1949 年的 4.4% 上升到 1978 年的 15.1%（见图 3－7），这与副业中队办工业产值大幅度增长有关。牧业产值比重也有所上升，主要原因是农区养猪业的发展。但总的来看，农业产值结构变动并不显著，一直是以粮食为主的农作物占绝对优势地位。畜牧业的比重虽有所提高，但幅度变化不大，林业和渔业变化甚微。这与新中国成立的近 30 年里，长时间在"以粮为纲"思想的指导下，农业生产偏重于发展粮食种植业，相对忽视经济作物、林业、畜牧业、渔业和牧业有关。

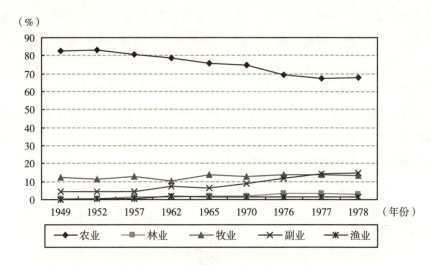

图 3 - 7 农林牧副渔业产值比重

资料来源:《中国农业年鉴》(1980 年)。

3.4.7 "优先发展工业" 政策下农民购买力低下

1. 工业迅速发展

中国农业产值在工农业总产值中所占比重迅速下降,从新中国成立初期的 70%,下降到 70 年代末的 30% 以下,而工业产值所占比重上升正好相反,从 30% 提升到 70% 以上(见图 3 - 8)。这虽然是一国经济发展过程中的必然规律,但是在当时中国高度集权计划经济体制下,而非市场经济下完成的这种快速转变,主要是受 "优先发展工业" 的政策安排影响。

2. 农民收入增长缓慢且工农产品价格剪刀差幅度大

农民收入的增减和结构变化受到多种因素的制约,不仅取决于农业生产和农村非农产业的状况,而且还受制于宏观政策的影响。在中国,一般用农民人均纯收入来衡量农民收入水平。农民人均纯收入指扣除生产过程中消耗掉的物质费用后的净收益。改革开放以前,农副产品实行统购统销制度,国家将农副产品收购价格压得很低,而工业品的价格不断提高,使得农业生产成本上升,农业的纯收益和农民的收入却变化不大,有的年份甚至减少。总之，该阶段里，农民人均纯收入增长是缓慢的、不均匀的和不稳定的。

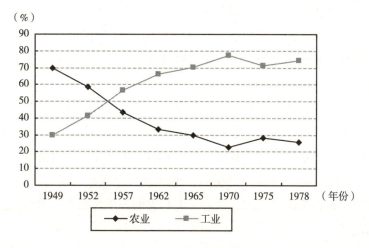

图 3 – 8　工农业产值构成

资料来源：《中国统计年鉴》（1980年）。

工农产品价格剪刀差在我国解放前就已经存在，新中国成立后很长一段时期内日益扩大，成为我国工农之间、城乡之间一个重大的经济及政治问题。但关于中国在该阶段里，通过工农产品价格剪刀差方式，从农民手里转出多少资金的统计，官方并没有正式公布。从已有研究成果的结论来看，有专家指出，1953～1985年间，中国从开始实行农产品统购统销到取消该制度的时期里，国家通过工农产品价格剪刀差，从农民手里拿走6 000万～8 000万元资金，幅度之大，对农业生产和农民增收影响巨大。

❸❺　食物主导农业开始萌芽

马克思指出"生产关系必须适应生产力的发展，生产力的发展要求生产关系必须与之相适应"。粮食主导农业阶段有其特殊的政治、社会背景，是适应当时薄弱的国内经济基础、局势紧张的国际背景下形成的。这就要求加强国防实力，推动重工业发展作为当时经济发展的重中之重，农业发展战略定位在不断提高粮食产量，以保证城乡居民基本生活需要、换取外汇、工业原料和战争储备。因此，农业"以粮为纲"的粮食主导农业模式是当时特定历史条件下的必然选择。该阶段的近30年间，农业生产力受到束缚，农民的积极性没有得到充分发挥，农业生产增长较慢，居民生活水平低下，居民食物消费结构单一且不均衡。因此，如何发展生产力，提高农民积极性，发展多种经营，改善居民消费结构，成为该阶段末亟待解决的关键问题。

该阶段末期，适度宽松的农业政策，给农业的发展注入了一定活力。多样化的经营观念，在思想领域的反复论辩中，得到了初步确立，农民手中逐步有了剩余粮食和部分积蓄。20世纪70年代末，绝大多数农民吃不饱的严重生存问题，开始得到缓和，少部分农民开始追求生活的多样化，迫切需要一种新的生产模式，以适应生产力的发展。食物主导农业发展阶段逐渐萌芽。

第 *4* 章

食物主导农业的发展阶段
(1979 ~ 1999 年)

　　1978 年，党的十一届三中全会拉开了农村改革的序幕，给农村经济注入了新的活力，随后家庭联产承包责任制的制度改革和产权调整，极大地调动了农民生产的积极性，充分发挥了技术进步的力量，中国粮食产量由粮食农业阶段举全国之力的 3 亿多吨，增长到 1998 年的 5 亿吨以上，解决了全国人民的吃饭及温饱问题，粮食实现供求基本平衡。此外，通过鼓励因地制宜全面发展，激活了农产品市场，除粮食以外，猪牛羊肉、蔬菜水果等大量供应，有效缓解了居民对谷物的需求，使居民食物消费结构发生了质的变化，即从以谷物为主，转向粮、棉、油、糖、肉、蛋、奶、鱼、果、蔬菜等综合性消费，农业工业化水平开始起步，并得到不断的发展。但同时也应该看到，农业粮价偏低导致的种植效益低下，农村落后、农民贫穷仍然是中国农业问题的真实写照，这在一定程度上说明了，该阶段里中国广袤农业创造社会财富的能力没有得到充分发挥和挖掘，农民劳动力资源、农村土地资源潜力还需要进一步盘活。这一阶段的主要特征有：①农业在国民经济中所占的比重有所下降，但依然很大；②农业比较劳动生产率下降迅速；③农业总产值中，牧业、渔业增加较快；④非粮食类农作物增长快于粮食类作物；⑤居民温饱问题基本解决，食物消费结构中非粮食类食物增加较快；⑥农村和城镇居民家庭恩格尔系数逐渐降低等。

4.1 食物主导农业阶段农业发展政策取向

4.1.1 党的十一届三中全会是粮食农业向食物农业转换的思想前提

党的十一届三中全会是一次具有历史转折意义的盛会，会议提出，把党的工作重心转移到社会主义现代化建设上来，并将实行改革开放作为重要的战略决策，其制定的农业发展方针政策，为当时中国农业走出发展困境提供了思路，也为粮食农业向食物农业转换提供了可能和条件。党的十一届三中全会倡导解放思想、实事求是的思想路线，打破了长期束缚农业、农村和农民的条条框框，加快了农村土地经营和管理制度改革的进程，农民拥有了土地的使用权和经营权，空前地激发和释放了广大农民生产的积极性，农业生产也不再局限于粮食，蔬菜、水果等作物种植，猪、牛、羊、鸡、鸭、鹅、水产等养殖渐渐兴起，彻底打破了"粮食就是农业"的"以粮为纲"的主导思想，为食物农业萌芽和后期的快速发展提供了强劲的思想动力。

4.1.2 五个农业中央一号文件是食物主导农业发展思想的重要体现

1. 1982 年中央一号文件

1982 年 1 月 1 日，中共中央批转《全国农村工作会议纪要》（简称1982 年中央一号文件），是中共中央发出第一个关于"三农"问题的"一号文件"，文件对迅速推开的农村改革进行了总结，明确指出包产到户、包干到户或大包干都是社会主义生产责任制。全国农村已有 90% 以上的生产队建立了不同形式的农业生产责任制，包括小段包工定额计酬，专业承包联产计酬，联产到劳，包产到户、到组，包干到户、到组等，都是社会主义集体经济的生产责任制，反映了亿万农民要求按照中国农村的实际状况来发展社会主义农业的强烈愿望。中央同意《纪要》的基本内容，并指出，"实践证明，党的十一届三中全会以来，我们的农村政策是正确的，农村经济的发展是令人鼓舞的"。因此，1982年的中央一号文件，从政策高度，确立了生产责任制形式的正确性，农民生产的内在动力得以稳固。

2. 1983年中央一号文件

1983年1月2日，中共中央印发题为《当前农村经济政策的若干问题》的文件（简称1983年中央一号文件），作为草案给各地试行。该文件从理论上说明了家庭联产承包责任制"是在党的领导下中国农民的伟大创造"。文件指出：党的十一届三中全会以来，中国农村发生了许多重大变化。其中影响最深远的，是普遍实行了多种形式的农业生产责任制，而联产承包制又越来越成为主要形式。联产承包制是在党的领导下中国农民的伟大创造，是马克思主义农业合作化理论在中国实践中的新发展。联产承包责任制和各项农村政策的推行，打破了中国农业生产长期停滞不前的局面，促进了农业从自给半自给经济向较大规模的商品生产转化，从传统农业向现代农业转化。

文件进一步强调，在人多地少的中国，吃饭始终是头等大事，粮食是我国人民最重要的食物，也是饲料工业和食品工业的重要原料。同时提出了农村经济政策的发展建议，如走农林牧副渔全面发展、农工商综合经营的道路；适应商品生产的需要，发展多种多样的合作经济；搞活商品流通，促进商品生产的发展，要打破城乡分割和地区封锁，广辟流通渠道；农、林、牧、副、渔等各业，都应根据因地制宜、发挥优势、适当集中的原则，建立一批商品生产基地。

1983年的中央一号文件，是新中国成立以来，关于农业发展的第二个农业中央一号文件。与以往农业政策相比，该文件明确提出农林牧副渔全面发展、农工商综合经营的发展思路，正式确立了生产种植结构多元化、农村经营形式多元化的思路，是农业生产经营领域的一次思想大解放，为"食物主导农业"发展奠定了基础。

3. 1984 年中央一号文件

1984 年 1 月，中共中央发出的《关于 1984 年农村工作的通知》（简称 1984 年中央一号文件）指出，当年农村工作的重点是在稳定和完善生产责任制的基础上，提高生产力水平，梳理流通渠道，发展商品生产。进一步稳定和完善承包制，土地承包期从原定的 3 年延长至 15 年。允许农民和集体的资金自由或有组织地流动，不受地区限制，要动员和组织各方面的力量，满足农民对技术、资金、供销、储蓄、加工、运输和市场信息、经营辅导方面的要求，逐步建立起比较完备的商品生产服务体系，它是商品生产赖以发展的基础，也是国家对农村经济实行计划指导的重要途径。坚持国家、集体、个人一齐上的方针，继续进行农村商业体制改革。

该文件提出的商品生产服务体系建设，满足了农民在生产过程中的需求，是农业生产顺利进行的有力保证。该农业政策打破了以往只注重产中过程的局面，开始倾向于向农业产前和产后方向发展。在稳固粮食生产全局的指导方针下，放开了多样化的生产方式。

因此，1984 年中央一号文件明确提出了建立商品生产服务体系，进一步稳固粮食生产已有的成果，防止粮食生产出现波动。

4. 1985 年中央一号文件

1985 年 1 月 1 日，中共中央、国务院公布《关于进一步活跃农村经济的十项政策》，为经济改革 5 年后的农业、农村经济发展注入了新的活力。文件强调，农村的工作重点是"进一步改革农业管理体制，改革农产品统购派购制度，在国家计划指导下，扩大市场调节，使农业生产适应市场需要，促进农村产业结构的合理化，进一步把农村经济搞活"。这十项政策的主要内容有：改革农产品统购制度，国家不再向农民下达农产品统购、派购任务，按不同情况，分别实行合同定购和市场收购；大力帮助农民调整产业结构；进一步放宽山区、林区政策；口粮不足的，由国家销售或赊销，按照自愿互利原则和商品经济要求，积极发展和完善农村合作制；进一步扩大城乡经济交往，加强对小城镇建设的指导；发展对外经济、技术交流；各地均应创造条件，引进优良品种、先进技术、设备和资金，发展农产品及加工品的出口[①]。

1985年中央一号文件，预示着我国农村进入了以农产品统购派购制度改革、产业结构调整、农村经济搞活为主要核心内容的新改革方向，是农村改革进程中的重要一步。

5. 1986年中央一号文件

1986年1月1日，中共中央、国务院下发《关于1986年农村工作的部署》，也就是第五个中央一号文件。该部署面对当时新形势和新任务，提出了如下要求：深入改革，改善农业生产条件，组织产前产后服务，推动农村经济持续稳定协调发展；进一步摆正农业在国民经济中的地位；依靠科学，增加投入，保持农业稳定增长；深入进行农村经济改革等。

第五个一号文件进一步强调了农业的重要性，摆正了农业在国民经济中的战略地位，肯定了农业发展靠政策、靠科技的同时，突出强调了增加投入、深化农村改革的重要性。对于农业结构调整，文件总结了发展多种经营的好处，即单一抓粮食生产并不能更快地增加粮食产量，还不利于农村经济的发展，反而多种经营的开展，如发展粮食作物的同时，大力发展林、牧、渔业、服务业等，不仅能促进粮食产量大幅增加，农村经济也能得到全面繁荣。这在一定程度上，是对粮食农业阶段农业发展弊端的凝练诠释，同时也为我国进入食物农业发展阶段提供了经验支撑。

4.1.3 "米袋子"、"菜篮子"工程使食物农业得以巩固和发展

1. "米袋子"省长负责制

1995年中央农村工作会议上，明确提出了一项新的政策措施，要求各省一把手亲自抓粮食问题。该政策实施的背景，一是改革开放以来的四次财政体制改革，使中央的财权在很大程度上转移到了地方政府，省一级政府应该担负起保证当地粮食供求平衡的责任；二是改革开放以来，东南沿

---

① 《中共中央、国务院关于进一步活跃农村经济的十项政策》，载《人民日报》1985年3月25日。

海地区工业化和城镇化发展速度加快，粮田面积大量减少，使得该地区由全国的粮食生产区变成了全国主要缺粮地区，因此，必须下大力气扭转东南沿海地区粮食生产下滑的局面，促使南方各省扩大粮食特别是水稻的生产；此外，以省为单位安排粮食总量和品种平衡有体制上和工作上的基础。

"米袋子"省长负责制的主要出发点就是让省级政府充分担负起本省域的粮食供给水平，确保粮食供需基本平衡，保证本省百姓的吃饭问题。"米袋子"省长负责制要求省长担负起四方面的责任，一是确保本省粮食产量不断增加，通过保护耕地稳定粮食种植面积，同时提高单产，从而生产出足够的粮食；二是通过掌握一定的粮食资源，保证库存数量，并完成国家下达的各种市场收购计划；三是保持市场稳定，按照国家核定的标准建立粮食风险调剂基金，通过吞吐调节，维持市场粮食价格稳定；四是认真完成国家规定的省级粮食调剂任务，并进一步提高粮食自给水平，确保市场供给需要。

"米袋子"省长负责制政策的实施，使改革开放多年以来，我国粮食产量起伏较大的局面得到了一定程度的抑制，农民生活得以稳定，国家粮食储备有了一定的制度保障，对全国粮食生产和平衡起到了较强的保障作用。

2. "菜篮子"市长负责制

党的十一届三中全会之后的近十年内，随着人民消费水平的提高和人口迅速增加，大中城市开始出现肉、禽、蛋、奶、鱼、菜供应紧缺的局面，价格不断上涨。为有效缓解供求矛盾，保障城市副食品供应，农业部于1988年5月9日向国务院提出《关于发展副食品生产保障城市供应（简称"菜篮子工程"）的建议》，并由农业部带头，在组织有关部门深入调查研究的基础上，提出实施"菜篮子工程"。主要包括："菜篮子工程"总体规划和肉蛋奶生产、水产品生产、蔬菜生产三个综合规划，以及畜牧业方面的养猪、蛋鸡与肉鸡、水禽、肉牛、肉羊、肉兔、奶业、畜禽良种繁育体系建设、饲料生产与饲料工业体系建设、畜产品商品基地建设、畜禽疫病防治体系建设等11个行业发展规划，并提出相应的"菜篮子工程"措施建议。国家计委于1988年7月中旬批复同意实施这项工程。围绕"菜篮子工程"思路和总体规划，1989年1月农业部全面部署实施，指导全国畜牧、水产、蔬菜等副食品生产组织协调工作。

1994 年，针对新形势下出现的部分农产品供给偏紧和价格大幅度上涨的局面，中央提出要根据城镇发展和居民消费需求的变化，抓紧组织实施新一轮"菜篮子工程"，丰富副食品市场供应。1995 年，各大中城市和主产区政府把组织实施新一轮"菜篮子工程"作为控制物价上涨、维护"改革、发展、稳定"大局的大事来抓，切实加强对"菜篮子"产销工作的领导，制定相应规划，进一步实施了"菜篮子"市长负责制；加快副食品生产基地的扩建和调整外移；加快农区生产基地建设；提高"菜篮子"产品科技含量，优化"菜篮子"产品结构，增加其品种供应；积极推进产加销、贸工农一体化经营等，这些措施的实施，使"菜篮子"产品的供求状况得到明显改善，市场购销两旺。因此，菜篮子市场负责制，保障了城市副食品充足供应，使得城乡新型膳食结构得以形成与确立。

4.1.4　国家首个"食物纲要"的颁发使食物农业理念得以升华

1993 年 2 月 9 日，国务院审议通过了《90 年代中国食物结构改革与发展纲要》，纲要指出：80 年代，我国粮食总产稳步登上了 4 亿吨的台阶，人均粮食产量已接近 400 公斤，我国从此结束了粮食长期短缺的历史，为保证全国人民粮食基本消费和加速发展动物性食品生产奠定了重要基础。20 世纪 90 年代，中国食物工作面临着更加紧迫的任务，需要在大力发展食物生产，保障人民日益增长的食物需求基础上，大力改善和调整食物构成，以尽快建立起科学合理的国民膳食结构。

基于上述《纲要》认识，20 世纪 90 年代，中国食物发展的目标，是以食物生产与消费协调为原则，根据营养和消费的需求，进一步大力发展食物生产，全面开发利用各种国土资源和食物资源，发展农林牧副渔各业的食物生产和食品加工业，重视生产、加工、流通各环节的统筹安排；按照"营养、卫生、科学、合理"的原则，继承中华民族饮食习惯中的优良传统，吸收国外先进、适用的经验，改革、调整中国的食物结构和人民消费习惯。经过不断努力，使中国居民食物消费与营养整体水平有较大的改善和提高，并走出一条符合中国国情的食物发展道路。此时，食物农业思想已达到基本共识和进一步升华。

4.1.5 其他农业配套政策有力促进食物农业顺利发展

1. 农产品收购范围扩大和价格调整为食物农业奠定基础

从 1979 年开始，国家有计划地提高了农产品收购价格，逐步减少统购派购的农产品品种，相继提高了粮食、油脂油料、棉花、生猪、菜牛、菜羊、鲜蛋、水产品、甜菜、甘蔗、大麻、苎麻、蓖麻油、桑蚕茧、南方木材、毛竹、黄牛皮、水牛皮等 18 种主要农产品的收购价格，平均提价幅度为 24.8%。同时，又恢复了粮食、油料等农产品的议价收购。从 1979 年至 1980 年间，国家先后重新限定了统购、派购的范围和数量，规定粮食、棉花、油料、木材为统购品种，烤烟、茶叶等 127 种农产品是派购品种，对主要派购品种又规定收购基数，并保持数年不变，其中对于超过部分，有的按固定比例加价收购，有的实行议价收购。到 1982 年，全国农产品收购价格总水平比 1978 年提高了 41.6%，明显高于同期农村工业品零售价格总水平上升 3.6% 的幅度，缓和了长期以来工农业产品差价过大、价格严重背离价值的状况，增强了农业自身发展能力。有计划的商品经济引入与家庭联产承包责任制配合实施，极大地调动了农村生产发展的积极性，改变了农产品长期以来生产结构单一和低水平供不应求的局面，为生产品种多样化的食物农业奠定了基础。

2. 粮食流通体制深化与改革有力促进食物农业有序发展

1985 年元旦，中共中央、国务院发布《关于进一步活跃农村经济的十项政策》，该政策是中国农产品购销体制由统购统销走向"双轨制"的转折点，是中国真正意义上第一次粮食流通体制改革，至此，中国实行了 31 年的农产品统购派购制度被打破。

1991 年底，国务院发出《关于进一步搞活农产品流通的通知》，要求在保证完成国家定购任务的情况下，对粮食实行长年放开经营政策。1992 年 9 月出台的《关于发展高产优质高效农业的决定》是第二轮粮改的起点。1993 年 2 月，国务院颁布《关于加快粮食流通体制改革的通知》，同年4月，全国95%以上的县市都放开了粮食价格和经营。至此，全国粮食销售价格基本全部放开，实行了40年的城镇居民粮食供应制度（即统销制度）被取消。1994年5月，国务院发布了《关于深化粮食购销体制改革的通知》，规定继续坚持政府定购，并适当增加收购数量。除定购5 000万吨粮食落实到户以外，还下达了4 000万吨议购计划，落实到县级政府。1995年，粮食购销政策仍实行"双轨制"，即在保证政府能够稳定地掌握一定数量的粮食，以稳定粮食供给的前提下，放开粮食市场购销。但政府重申了议购粮食应随行就市，不允许搞"二定购"。1997年7月，国务院明确规定，国家定购粮仍按1996年确定的定购价收购，而议购粮按保护价敞开收购，保护价是国务院确定的定购基准价。政府要求全国粮食部门敞开收购、常年收购、不拒收、不限收、不停收，不压级压价，不打"白条"等。因此，确保粮食安全前提下，粮食流通体制改革的逐步深化，使得食物农业稳步推进。

3. 规模化商品粮基地的建成确保食物农业健康发展

改革开放初期，中国粮食生产水平低下，商品粮供给相对短缺，为持续提高粮食生产量和商品粮贡献量，政府开始选建商品粮基地。搞好商品粮基地建设，直接关系着中国农业全局和国民经济发展战略措施的实施。为此，从1983年到1990年的7年间，国家采取与地方联合投资的方式，有计划、有步骤地在中国粮食主产区和经济作物重点产区，先后选建了171个粮食基地县、74个优质棉基地县和391个水果、蔬菜、茶叶、花卉、药材等名特优农产品基地（项目）。这批基地（项目）经过多年建设，增强了物质技术基础，形成了一批新的综合生产能力，在种植业生产上发挥了显著成效。

同时，规模化商品粮基地的建成，稳固了中国多年来粮食生产已有的成果，并进一步丰富和加强了中国城乡居民的消费模式，"米饭（窝窝头、馒头）＋咸菜"的饭食结构逐步转变为"米饭（馒头）＋蔬菜＋水果＋肉蛋奶"的膳食结构。

4. 农业生产结构不断调整使食物农业逐步走向成熟

1979年党的十一届四中全会通过了《中共中央关于加快农业发展若干

问题的决定》，决定指出：一定要正确、完善地贯彻执行"农林牧副渔同时并举"和"以粮为纲，全面发展，因地制宜，适当集中"的方针。在抓紧粮食生产的同时，要把中国优越的自然条件充分利用起来，把各方面的潜力充分挖掘出来，使农、林、牧、副、渔各业都有较大发展，有计划地逐步改变农业生产结构和居民饮食结构，扭转只重视粮食种植业的现状，经济作物种植业和林牧副渔业都要全面发展。

1981年，中共中央和国务院转发国家农委《关于积极发展农村多种经营的报告》的通知。通知指出：发展农村经济要合理利用和开发各种资源，搞好多种经营，这是发展商品经济的关键环节。长期以来，耕地仅仅集中于种植粮食作物，多种经营和家庭副业几近空白，致使农业内部比例严重失调，生产结构极其单一，今后若干年要在决不放松粮食生产的基础上，积极开展多种经营。

1984年10月16日，《中国农民报》提出农村产业结构改革的三个层次：一是改革种植业结构，即调整粮食作物与经济作物的比例关系；二是改革大农业的结构，即调整农、林、牧、副、渔业各业的比例关系，使处在"短腿"状况的林、牧、渔业得到充分的发展，形成大农业系统的良性循环；三是改革整个农村产业结构，即调整农业与工业、商业的比例关系，实行农工商综合经营，大力发展工业、商业、运输业、建筑业、服务业等非农产业，使农村经济得到全面、协调发展。

1985年1月1日公布的《关于进一步活跃农村经济的十项政策》，明确指出了大力帮助农村调整产业结构，并将用一定的财力、物力支持粮棉集中产区发展农产品加工业，在农村大力发展畜牧业、水产养殖业、林业等，以改善农村产业结构。

1985年3月27日的《政府工作报告》中再次强调，要继续完善家庭联产承包责任制，改革农产品的统购、统派制度，加快产业结构调整。在抓好粮食生产的同时，努力开辟粮食的多种用途。发展第三产业，建立农林牧副渔全面发展，农工商运综合的合理产业结构，使中国丰富的农业资源和农村劳动力得到合理的利用。适应社会主义商品经济的发展，鼓励农民根据自愿互利的原则，在加工、销售、运输等领域中，发展多种形式的合作和联合经营，逐步完善农村合作经济。积极组织城乡商品交换，广泛设置农副产品批发市场，认真加强贮运系统，使农副产品更多更快地变为在城市适销的商品，以适应人民生活水平不断提高的要求（《人民日报》1985年4月12日）。农业产业结构的逐步调整，丰富、深化了食物农业阶段的内容，使食物主导农业逐步走向成熟。

4.2 食物主导农业阶段中国农业发展的状况和特征

4.2.1 农业在国民经济中所占的比重有所下降但依然很大

农业所占GDP的比重从该阶段初期的30%以上，下降到末期的20%以下，而农业从业人员占社会总从业人员的比重，从该阶段初期的70%下降到末期的50%，农村消费品零售额占社会总消费品零售额比重在40%左右（见图4-1）。可以认为，农业在国民经济中的比重有所下降，但依然很大。

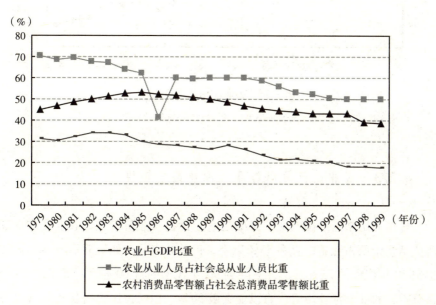

图4-1 农业在国民经济中的比重

资料来源：历年《中国农业发展报告》。

4.2.2 农业比较劳动生产率下降迅速

该阶段农业比较劳动生产率波动较大（见图4-2），总体呈现下降趋势，且下降程度显著。1986年，农业比较劳动生产率达到0.69的高度，这主要是因为，乡镇企业迅速发展，吸收了大量的剩余劳动力，当年农业劳动力占社会劳动力的比重下降到41.5%。但其他年份农业比较劳动生产率的下降程度和速度，充分表明与其他非农产业相比，农业产业的比较效益相当低下，农业从业者的效益令人担忧。

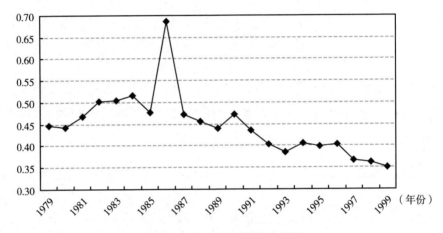

图4-2 农业比较劳动生产率

资料来源：历年《中国农业发展报告》，作者整理计算。

4.2.3 农业总产值中牧业、渔业增加较快

种植业历来是中国农业的重中之重。食物农业阶段里，农业在农业总产值结构中所占比重一直在55%以上，但总体来看，处于下降趋势。从20世纪70年代末的75%以上，下降到90年代末的近60%，下降了约15个百分点；牧业和渔业尽管一直没能突破30%，但所占比重增长较快（见图4-3）。这种农业产值结构变化总体上是符合经济发展水平需要的。同时也说明了与其他国家相比，牧业和渔业的发展空间依然很大。

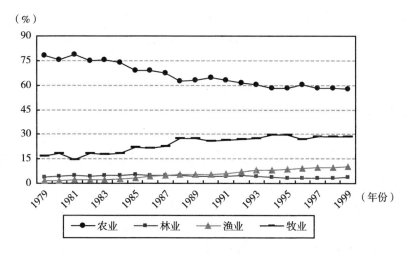

图 4 - 3　农业总产值结构

资料来源：历年《中国农业发展年鉴》，作者整理计算。

4.2.4　粮食、棉花种植面积减少，其他作物种植面积增加较快

改革开放以前，以粮食为主导的农业发展阶段里，粮食种植面积一直在 18 亿亩以上，除粮食以外的其他农作物种植面积都非常小。改革开放以后，以食物为主导的农业发展阶段，粮食种植面积从 1979 年的 17.89 亿亩，下降到 1999 年的 16.97 亿亩，减少了近 9 200 万亩。除棉花以外，其他非粮食类作物都有一定程度的增长。油料、糖料、蔬菜和果园种植面积分别增加 1.03、0.12、1.52 和 1.04 亿亩。果园、蔬菜、油料和糖料种植面积年均增长分别为 8.4%，7.4%，3.4% 和 3.4%，增长较快（见表 4 - 1）。

表 4 - 1			主要农作物播种面积			单位：亿亩	
	总播种面积	粮食	油料	棉花	糖料	蔬菜	果园
1979 年	22.27	17.89	1.06	0.68	0.13	0.48	0.26
1999 年	23.46	16.97	2.09	0.56	0.25	2.00	1.30
1999 年比 1979 年增加	1.19	-0.92	1.03	-0.12	0.12	1.52	1.04
年均增长（%）			3.4		3.4	7.4	8.4

资料来源：历年《中国统计年鉴》。

　　具体来看，粮食种植面积波动较大（见图4-4）。1984年和1995年，是两次波动的最低点。主要原因是，市场经济下，粮食种植的比较效益低下，农民种粮的积极性受到影响。从棉花种植面积变化来看（见图4-5），1984年和1991年，种植面积均超过1亿亩，其余年份波动很大。主要原因是棉花是经济作物，其商品率较高，受国内外市场的影响较深。蔬菜和果园种植面积的增长较快，蔬菜从1979年的0.48亿亩增加到1999年的2亿亩，果园种植面积所占比重从1979年的0.26亿亩，增加到1999年的1.3亿亩（见图4-6）。

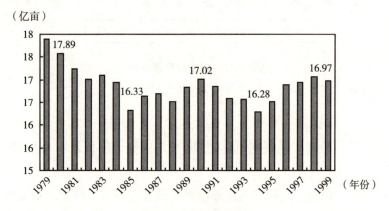

图4-4　粮食种植面积

资料来源：历年《中国统计年鉴》和历年《中国农业年鉴》。

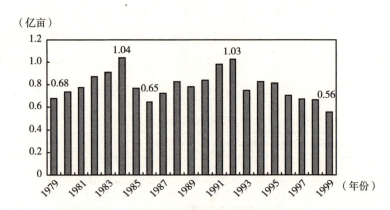

图4-5　棉花种植面积

资料来源：历年《中国统计年鉴》和历年《中国农业年鉴》。

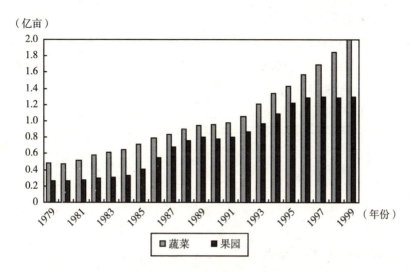

图 4 - 6　蔬菜和果园种植面积

资料来源：历年《中国统计年鉴》和历年《中国农业年鉴》。

另外，从种植结构来看，粮食所占的比重下降较快，从 1979 年的 80.3%，下降到 1999 年的 72.4%，下降了 7.9%，但从所占比重的绝对数来看，粮食播种面积所占的比重依然是其他种植面积的 236 倍左右。蔬菜种植面积所占比重从 1979 年的 2.2% 增加到 1999 年的 8.5%，果园种植面积所占比重从 1979 年的 1.2% 增加到 1999 年的 5.5%（见表 4 - 2），增速较快。

表 4 - 2　　　　　粮食、蔬菜和果园在总播种面积中的比重　　　单位：%

	1979 年	1980 年	1985 年	1990 年	1995 年	1998 年	1999 年	1999 年比 1979 年增加
粮食	80.3	80.1	75.8	76.5	73.4	73.1	72.4	-7.9
蔬菜	2.2	2.2	3.3	4.3	6.3	7.9	8.5	6.3
果园	1.2	1.2	1.9	3.5	5.4	5.5	5.5	4.3

资料来源：历年《中国统计年鉴》。

4.2.5　粮食产量增长速度低于非粮食类产量增长速度

1. 粮食产量在波动中持续增长

1979～1984 年，中国粮食产量从 3.3 亿吨增加到 4.1 亿吨，增长较快。之后粮食产量处于徘徊状态，直到1989年才恢复到1984年的水平。1985年粮食又创新高，达到4.5亿吨。1986～1999年，粮食产量在波动中增长，1996年突破5亿吨大关，1998年和1999年粮食产量都维持在5.1亿吨的水平（见图4-7）。

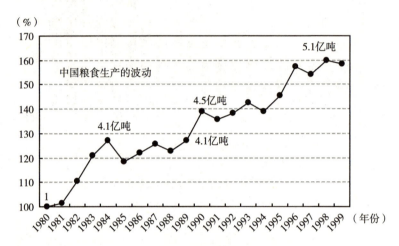

图4-7 中国粮食总产量增长指数的变化

资料来源：历年《中国农业发展报告》，作者整理计算。

2. 非粮食类农作物产量年均增长速度较快

1979～1999年，粮食产量年均增长2.2%，其他农产品如棉花、油料、糖料、茶叶和水果产量年均增长分别为2.8%、7.2%、6.3%、4.6%和11.5%（见表4-3）。可以看出，非粮食作物产量年均增长速度快于粮食产量年均增长速度，这是与该阶段居民食物需求结构变化相适应的，也是符合客观需求规律的。

表4-3		主要农产品产量				单位：万吨
	粮食	棉花	油料	糖料	茶叶	水果
1979年	33 212	220.7	643.5	2 461.4	27.7	701.5
1999年	50 839	382.9	2 601.2	8 334.2	67.6	6 237.6
1999年比1979年增加	17 627	162	1 958	5 873	40	5 536
年均增长（%）	2.2	2.8	7.2	6.3	4.6	11.5

资料来源：历年《中国统计年鉴》和历年《中国农业年鉴》。

3. 动物类产品产量增长迅速

该阶段里，猪牛羊肉、奶类和水产品等动物类产品产量增长迅速。肉类产品产量从 1979 年的 1 062 万吨，增加到 1999 年的 5 949 万吨，增长了近 4.6 倍；禽蛋从 1982 年的 1 350.8 万吨，增加到 1999 年的 2 134.7 万吨，增长了 7.6 倍；水产品产量增长了 7.3 倍；牛奶产量增长了 4.4 倍（见表 4-4）；动物类产品产量的快速增长，为满足居民日益增长的多样化食物消费需求做出了巨大贡献。

表 4-4 　　　　　　　　　　**动物类产品产量**　　　　　　　　单位：万吨

	1979 年	1982 年	1985 年	1990 年	1995 年	1999 年
肉类	1 062.4	1 350.8	1 926.5	2 857.0	5 260.1	5 949.0
禽蛋		280.9	534.7	794.6	1 676.7	2 134.7
牛奶		161.8	249.9	415.7	576.4	717.6
水产品	431.0	516.0	705.2	1 237.0	2 517.2	3 570.2

资料来源：历年《中国农业年鉴》。

4. 主要农产品人均占有量中，非粮食类农产品增长较快

从主要农产品人均占有量变化可以看出，粮食年均增长最慢，只有 0.8%，水产品和水果等非粮食类产品增长较快，年均增长分别为 10.5%、10.2%，猪牛羊肉、油料和糖料增长也有大幅度增加（见表 4-5）。可以认为，该阶段里主要农产品产量的增长快于人口的增长。同时，非粮食类产品的增长快于粮食增长。

表 4-5 　　　　　　　　　**主要农产品人均占有量**　　　　　　　单位：千克

	粮食	棉花	油料	糖料	猪牛羊肉	水产品	水果	奶类
1979 年	342.7	2.3	6.6	25.4	11.0	4.5	7.2	1.3
1999 年	405.5	3.1	20.7	66.5	38.0	32.9	49.8	6.4
1999 年比 1979 年增幅	62.8	0.8	14.1	41.1	27.0	28.4	42.6	5.1
年均增长（%）	0.8	1.5	5.9	4.9	6.4	10.5	10.2	8.1

资料来源：《新中国五十年农业统计资料》。

4.2.6 居民食物消费结构中非粮食类食物增加较快

改革开放以来，中国居民食物消费结构变化较大（见表4-6）。人均年粮食消费量从1979年的213.2千克，减少到1999年的207.7千克，减少了7.5千克。而同期，油料、植物油、蔬菜、水果、肉类、蛋、奶和鱼类消费量都有较大幅度的增加。蔬菜从1979年的51.79千克，增加到1999年的196.81千克，增加了145.02千克，年均增长6.9%；水果增加了34.6千克，年均增长6.6%，蛋年均增长9.5%，鱼类年均增长8.4%，奶年均增长5.6%，植物油年均增长5.5%。居民食物消费结构的显著变化是食物农业阶段的重要特征。

表4-6　　　　　　　　居民主要食物人均消费量变化　　　　　　　单位：千克

	粮食	油料	植物油	蔬菜	水果	肉类	蛋	奶	鱼类
1979年	213.2	4.96	2.64	51.79	7.49	13.38	2.54	2.95	5.03
1980年	212.5	5.36	3.17	49.95	7.3	14.63	2.63	2.99	5.18
1985年	230.6	5.85	4.4	78.62	11.06	19.32	4.7	4.5	7.33
1990年	225.2	5.62	6.14	98.98	16.51	25.9	6.43	5.95	11.49
1995年	212.2	7.15	7.08	148.07	31.94	39.15	12.71	7.67	20.83
1999年	207.7	6.97	7.76	196.81	44.01	47.98	15.54	8.85	25.26
1999年比1979年增幅	-7.5	1.08	5.12	45.02	36.52	34.6	13	5.9	20.23
年均增长（%）		1.7	5.5	6.9	9.3	6.6	9.5	5.6	8.4

资料来源：《中国农业发展报告》，作者整理计算。

4.2.7 农村和城镇居民家庭恩格尔系数逐渐降低

参照联合国恩格尔系数标准，中国农村居民家庭恩格尔系数1979～1983年平均为60.7，1994～1999年下降到55.8（见表4-7），可以认为，中国农村居民在该阶段里从贫困阶段转向了温饱阶段。城镇居民家庭恩格尔系数从1979～1984年的平均57.2下降到1994～1999年的47.1，可以认为城镇居民已经进入了小康水平阶段。

表4 -7   农村和城镇居民家庭恩格尔系数变化

年度平均	1979~1983年	1984~1988年	1989~1993年	1994~1999年
农村居民家庭	60.72	56.64	57.38	55.82
城镇居民家庭	57.24	53.72	53.16	47.05

资料来源：《中国统计年鉴》，作者汇总计算。

4.3 食物主导农业阶段的问题症结

4.3.1 "卖粮难"与粮食增产高峰交替出现

在食物农业发展阶段的近20年里，中国粮食生产先后出现了三次增长高峰，与此相对应也出现三次"卖粮难"的普遍性难题。第一次是1980~1984年，由于家庭联产承包责任制的实行和国家粮食收购价格的大幅度提高，4年间粮食总产量从1980年的32 055万吨，增加到1994年的40 730万吨，增加了8 675万吨。全国人均粮食占有量达到397千克，创历史最高水平。但与之同时呈现的，是1982~1984年期间，全国大范围出现了农民卖粮难问题。随后的三年间，国家通过调整农业生产结构，加上粮价下降导致农民对粮食投入的减少，粮食产量波动中徘徊，但总体是大幅下滑，中国人均粮食占有量由1984年的397千克下降到1988年的358千克。

第二次粮食增长高峰是1989~1990年，这两年粮食产量分别达到40 755万吨和44 620万吨，增加了5 200万吨，但同时又出现了新一轮的农民"卖粮难"问题。之后的四年间，粮食生产又出现新一轮的徘徊局面，1994年粮食产量降到1990年的水平。粮食产量的下降，促使市场粮价上涨，国家不得不采取挂牌限价销售、紧急抛售专储粮、停止粮食出口、增加粮食进口等措施来抑制粮食价格上涨。

第三次粮食增长高峰是1995~1999年。由于党中央、国务院采取了一系列促进粮食生产发展的政策措施，保护和调动了农民生产粮食的积极性，中国的粮食产量稳定增长，粮食的综合生产能力提高到一个新的水平。1995~1999年中国的粮食产量分别为46 655万吨、50 450万吨、

49 115万吨、51 225万吨和50 838万吨，提前5年实现了"九五"计划确定的粮食生产目标。1996年下半年以后，粮食市场形势发生了变化，粮食供应短缺的状况发生了根本性转变，出现了阶段性粮食过剩，市场粮价出现第三次下跌。

4.3.2 农民收入增长下滑，城乡收入差距拉大

改革开放以来，我国农民收入经历了四个变化阶段，第一阶段是1978～1984年，由于粮食生产能力和收购价格的提高，促成农民收入以年均15.9%的速度高速增长；第二阶段是1985～1991年，收购价格的继续提高、农村经济结构调整及农村非农产业的快速发展对农民收入增长贡献突出，但同时受农业生产资料零售价格快速上涨、农村非农产业发展受挫以及农产品收购价格指数下降等不利因素影响，该阶段农民收入增长具有起伏较大、总体增速减缓的特征，年均增长只有4.2%；第三阶段是1992～1996年，国家大幅提高粮食等农产品收购价格、农业产出增加及乡镇企业异军突起，使得该阶段里农民收入年均增长提高到5.6%，具有反弹回升之势；第四阶段是1997年至20世纪末期，农民收入增长速度显著低于前三个阶段，年均增长3%左右，明显下滑，特别是来自农业的收入连续三年处于负增长，这是改革开放以来所没有出现过的现象。

20世纪末期，农民收入增速连续下滑，使城乡居民收入差距进一步拉大。1999年，城镇居民家庭人均可支配收入达到5 854元，农村居民家庭人均纯收入只有2 210元，城乡收入比达到2.65，高于1997年的2.46，也高于改革开放初期城乡收入差距水平（见图4-8）。

4.3.3 乡镇企业对农村的带动作用逐渐减弱

乡镇企业是我国特殊农村历史环境和条件下产生发展的，其萌芽始于20世纪50年代，经历了坎坷的发展历程后在80年代得到发展，90年代趋于成熟。改革开放以来，特别是20世纪80年代之后，乡镇企业作为一种新型农村经济组织形式，发展势头猛、速度快、幅度大，在农村商品经济

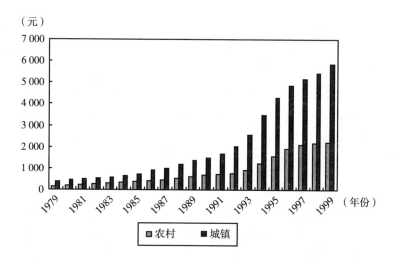

图 4 - 8　农村和城镇居民人均可支配收入

资料来源：《中国农业发展报告》。

中占据核心力量，成为农村商品经济发展的显著标志。1978 年，中共十一
届三中全会通过了《关于加快农业发展若干问题的决定》，决定明确指出：
"社队企业要有一个大发展"，并指示"凡是符合经济合理的原则，宜于农
村加工业的农副产品，要逐步由社队企业加工。城市工厂要把一部分宜在
农村加工的产品和零部件，有计划地扩散给社队企业经营，支援设备，指
导技术。对社队企业的产、供、销要采取各种形式，同各级国民经济计划
衔接，以保障供销渠道畅通无阻。国家对社队企业，分别不同情况实行低
税和免税政策"。1989 年，中共中央下发了《关于开创社队企业新局面的
通知》，社队企业正式更名为乡镇企业。由此，中国农村进入了一个高
速增长的"黄金时代"。1992 年，邓小平南方讲话，再次激发了亿万农
民的经营积极性，乡镇企业进入了第二个发展高潮。1996 年 10 月，国
家颁布了《中华人民共和国乡镇企业法》，制定了一系列政策措施，高
度发展的乡镇企业进行了资产重组，走上了大规模、高科技、外向型发
展的路子。

　　但是，20 世纪末期，随着国内外市场环境的变化，乡镇企业发展出现
了重大转折和阶段性变化。首先是受亚洲金融危机的冲击影响，加上国内
买方市场疲软，乡镇企业主要经济指标明显下滑，增长速度显著降低，乡

镇企业职工工资增长率大幅下跌。其次是市场竞争中,乡镇企业自身还面临诸多困境,如所有制上产权关系不明晰,企业性质不明确,挂靠现象突出;在管理体制上,生产技术水平低下,产品竞争力差,融资渠道不畅导致有效需求资金不足等。乡镇企业面临的内外部环境的制约,直接导致其对农村劳动力吸纳数量的急剧减少,对带动农村经济发展、增加农民收入的作用逐渐减弱。

4.3.4 农业内部深层次矛盾日益凸显

20世纪90年代,在市场经济条件下,中国农业内部深层次的矛盾日益显露出来,这些矛盾主要有:分散的农户小生产与大市场之间的矛盾;农户经营规模狭小与现代农业要求之间的矛盾;农业生产比较利益低下与社会对农产品需求之间的矛盾;农业专业化生产与社会化服务之间的矛盾;大量的农业剩余劳动力亟待转移与就业门路狭窄之间的矛盾。政府、专家和学者逐渐认识到这些问题,在实践中探索出农业生产产业化、经营贸工农一体化的发展思路。农业产业化的基本含义是,在市场经济条件下,通过将农业的产前、产中、产后诸环节整合为一个完整的产业系统,实现种养加、产供销、贸工农一体化经营,提高农业的增值能力和比较效益,形成自我积累、自我发展,良性循环的发展机制。以农业产业化的组织方式,使农业更加适应市场经济发展的需求,从而减少经营风险,提高农业经营效益,是当时阶段的基本统一认识,有望进一步推动食物农业的发展和升级转变。

4.4 食品主导农业开始萌芽

总之,党的十一届三中全会以来,随着家庭联产承包制的步步深入,农民生产积极性得到前所未有的释放,农业生产取得了巨大的成绩。农林牧副渔业全面发展,为彻底改变改革开放前以粮食为主的食物消费结构提供了物质基础和条件。同时,微观农业经济政策的落实,商品粮基地的建设、"米袋子"、"菜篮子"工程的实施，使得该阶段农业生产结构、产量结构、居民食物消费结构等发生巨大变化。然而，该阶段后期，频繁出现"卖粮难"、农民增产不增收、城乡收入差距逐步扩大、乡镇企业带动作用不断减弱等问题，迫切需要寻找新的农村经济增长点，以提高农民收入、缩小城乡收入差距，摆脱食物农业阶段的多重困境。在这种形势和背景下，食品主导农业的思想开始萌芽。

第 5 章

食品主导农业的发展阶段（2000 年至今）

党中央、国务院历来高度重视农业、农村发展，特别是党的十八大以来，保障国家粮食安全、确保农产品有效供给始终是农业、农村工作的首要任务。2004～2015 年，国家不断加大财政和社会投入，充分调动了各级政府及亿万农民的种粮积极性，我国粮食产量实现连年高位增长，食物生产能力稳步增强，农民收入持续快速增长，城乡居民消费水平进一步提高，消费结构快速转型升级，食物加工产能快速增长，农产品加工业总产值与农林牧渔业总产值之比达 1.85∶1，为加快农业现代化推进，构建小康社会奠定了稳定基础。同时，伴随着国内综合生产力的不断提高和综合经济实力的不断增强，居民的收入水平和消费能力日渐增加，农产品需求从总量扩张转变为结构性和质量型扩张，居民不再满足吃得饱、吃得好，而是追求方便、快捷和营养、健康、安全。尽管如此，妥善解决现代农业发展的制度性制约和障碍，如农产品价格"天花板"压顶和生产成本"地板"抬升，农产品供求结构失衡、资源错配及透支利用等，依然是当前和今后时期我国面临的艰巨历史性任务。需要通过供给侧结构性改革，转变农业发展方式，调整农业产业结构，有效配置资源，提高农业生产的经济效益。这一阶段的主要特征有：①农业比较劳动生产率持续降低；②农业产业结构中，畜牧养殖业所占比重大幅上升；③居民消费结构转型升级，方便、快捷、营养、均衡成为时代追求；④农民收入持续提高，农村发展成效显著；⑤农产品加工业快速发展，不断满足居民营养改善需求。

5.1 食品农业阶段农业发展政策倾向

5.1.1 21世纪三个"五年计划"为食品农业发展提供思路保障

1. 第十个五年计划提出向农业的深度与广度进军

进入21世纪后的第一个五年计划（2001～2005年），是我国胜利实现现代化建设的前两步战略目标，向第三步发展战略目标迈进的时期。在这个阶段，人民生活总体上达到小康水平，进入了全面建设社会主义市场经济的新阶段。这一阶段的主要任务有，加强农业基础地位，促进农村经济全面发展，稳定粮食生产能力，拓宽农业增收领域，调整农业和农村经济结构等。在进一步稳定粮食生产能力方面，提出了实施"种子工程"、完善农田水利配套设施、加强中低产田改造等，确保粮食供求基本平衡。

在调整农业和农村经济结构方面，计划提出：不断向农业生产的广度和深度进军，积极调整种植业作物结构、品种结构和品质结构，发展优质高产高效种植业；扩大饲料作物种植面积，加强草场建设，改良畜禽品种，加快发展畜牧业；加快农产品加工技术和设备的引进开发，发展农产品销售、储运、保鲜等产业，提高农产品加工水平和效益。鼓励采取"公司加农户"、"订单农业"等多种形式，大力推进农业产业化经营。支持农产品加工企业、销售企业和科研单位带动农户进入市场，与农户形成利益共享、风险共担的经营机制。在一定层面上反映出，中国21世纪农业政策已经转向稳定粮食生产能力，向农业的广度和深度进军，大力发展农产品加工业，发展创汇农业，通过加工、出口，以解决农产品阶段性过剩和提供农民劳务收入等问题。这是"食品主导农业"阶段农业发展政策区别于"粮食主导农业"和"食物主导农业"的显著特征。

2. 第十一个五年计划提出优化产业结构的总体思路

中华人民共和国国民经济和社会发展第十一个五年规划纲要，是2006～

2010 年中国五年经济社会发展的宏伟蓝图，是全国各族人民共同的行动纲领。计划提出建设社会主义新农村的伟大目标，包括发展现代农业、增加农民收入、改善农村面貌、培养新型农民、增加农业和农村投入、深化农村改革等。发展现代农业涉及到提高农业综合生产能力、推进农业结构调整等。其中提高农业综合生产能力部分，提出"坚持粮食基本自给，稳定发展粮食生产，确保国家粮食安全，粮食综合生产能力达到 5 亿吨左右。加强粮食主产区生产能力建设，提高粮食单产、品质和生产效益等"。优化农业产业结构方面，计划提出，"在保证粮棉油稳定增产的同时，加快发展畜牧业和奶业，提高养殖业比重。改进畜禽饲养方式，提高规模化、集约化和标准化水平"。优化农业产品结构方面，提出发展高产、优质、高效、生态、安全农产品，重点发展优质专用粮食品种、经济效益高的经济作物、节粮型畜产品和名特优新水产品。发展农区、农牧交错区畜牧业，在南方草山草坡和西南岩溶地区发展草地畜牧业，恢复和培育传统牧区可持续发展能力。在缺水地区发展旱作节水农业。增加农民收入方面，计划建议，积极发展优良、特色、附加值高的优势农产品，发展农产品加工，延长农业产业链条，增加附加价值，增加农民收益等，通过乡镇企业机制创新和结构调整，增加农民非农收入。

3. 第十二个五年计划提出加快发展现代农业

中华人民共和国国民经济和社会发展第十二个五年规划（2011～2015 年），是我国全面建设小康社会、深化改革开放、加快转变经济发展方式的关键和攻坚时期，指导全国经济社会发展的重要规划。计划明确指出：在工业化、城镇化深入发展中同步推进农业现代化。加快发展现代农业，需要将保障国家粮食安全作为第一目标，提高农业综合生产能力，加快农业发展方式转变。具体来看，稳定粮食播种面积，加快中低产田改造等，确保粮食综合生产能力达到 5.4 亿吨以上，同时提高单产和品质、优化品种结构等；推进农业结构战略性调整方面，主要有优化农业产业布局，发展高产、优质、高效、生态、安全农业，加快畜牧业发展，继续提高畜牧业产值比重等。同时加大引导和扶持力度，拓宽农民增收渠道，促进农民收入持续较快增长，包括鼓励农民优化种养结构，提高生产经营水平和经济效益等。

5.1.2 13 个中央一号文件为发展食品主导农业提供政策保障

1. 围绕农民增收的 3 个中央一号文件

2004～2016 年，中共中央国务院连续发布 13 个关于"三农"的中央一号文件，以促进农业发展、农民增收和农村稳定。其中关于促进农民增收的一号文件有 3 个，即 2004 年《中共中央国务院关于促进农民增加收入若干政策的意见》、2008 年《中共中央国务院关于切实加强农业基础建设，进一步促进农业发展农民增收的若干意见》，以及 2009 年发布的《关于促进农业稳定发展农民持续增收的若干意见》。2004 年一号文件是 21 世纪我国第一个关于"三农"的一号文件。针对农民增收困难，城乡收入差距逐步扩大的难题，文件提出了新的措施，在坚持"多予、少取、放活"的方针下，调整农业结构，加快科技进步，深化农村改革，增加农业投入，强化农业支持保护，力争实现农民收入较快增长，扭转城乡居民收入差距不断扩大的趋势。2008 年中央一号文件指出，当前和今后一个时期农业和农村工作的总体要求，是按照形成城乡经济社会发展一体化新格局的要求，突出加强农业基础建设，积极促进农业稳定发展、农民持续增收，努力保障主要农产品基本供给，切实解决农村民生问题，扎实推进社会主义新农村建设。2009 年发布的《关于促进农业稳定发展农民持续增收的若干意见》一号文件，是党中央、国务院 2004 年以来就"三农"问题连续发出的第六个一号文件，也是贯彻中共十七届三中全会精神对 2009 年农村改革发展的具体部署。文件从进一步加大对农业支持保护力度、促进农业生产稳定发展、加强农业各项技术支撑和农业各项服务、稳定农村基本经营制度、推进城乡一体化等方面提出了具体措施。

2. 关于夯实农业基础，提高农业综合生产能力的 3 个中央一号文件

2005 年中央下发《中共中央国务院关于进一步加强农村工作提高农业综合生产能力若干政策的意见》，即 2005 年中央一号文件，文件指出：

"当前和今后一个时期，要把加强农业基础设施建设，加快农业科技进步，提高农业综合生产能力，作为一项重大而紧迫的战略任务，切实抓紧抓好。这既是确保国家粮食安全的物质基础，又是促进农民增收的必要条件；既是解决当前农业发展突出矛盾的迫切需要，又是增强农业发展后劲的战略选择；既是推动农村经济发展的重大举措，又是实现农村社会进步的重要保障。"在继续推进农业和农村经济结构调整方面，文件强调"坚持立足国内实现粮食基本自给，以市场需求为导向，改善品种结构，优化区域布局，着力提高单产，努力保持粮食供求总量大体平衡。稳定和增加粮食播种面积，改革种植制度，提高复种指数"。"重点支持粮食主产区发展农产品加工业。大力扶持食品加工业特别是粮食主产区以粮食为主要原料的加工业，促进农业增效、农民增收和地区经济发展。采取财政贴息等方式，支持粮食主产区农产品加工企业进行技术引进和技术改造，建设仓储设施"。

2010 年中央一号文件《关于加大统筹城乡发展力度 进一步夯实农业农村发展基础的若干意见》指出，"稳粮保供给、增收惠民生、改革促统筹、强基增后劲"，明确了 2010 年农业农村工作的基本思路。稳粮保供给，就是要继续抓好粮食等主要农产品生产，保持市场稳定和价格合理，防止粮食生产出现滑坡；增收惠民生，就是要千方百计促进农民收入持续较快增长，努力改善农民生产生活条件；改革促统筹，就是要着力构建以工促农、以城带乡的长效机制，协调推进工业化、城镇化和农业现代化；强基增后劲，就是要进一步加强基础建设、强化基础支撑，全面提升农业农村可持续发展能力。

2011 年中央一号文件提出《关于加快水利改革发展的决定》，这是新中国成立以来中共中央首次系统部署水利改革发展全面工作的决定。文件出台了一系列针对性强、覆盖面广、含金量高的新政策、新举措。在农业水利薄弱环节建设方面，文件提出大兴农田水利建设。到 2020 年，基本完成大型灌区、重点中型灌区续建配套和节水改造任务。结合全国新增千亿斤粮食生产能力规划实施，在水土资源条件具备的地区，新建一批灌区，增加农田有效灌溉面积。实施大中型灌溉排水泵站更新改造，加强重点涝区治理，完善灌排体系。健全农田水利建设新机制，加快推进小型农田水利重点县建设，促进旱涝保收高标准农田建设等，积极发展旱作农业，采用地膜覆盖、深松深耕、保护性耕作等技术。稳步发展牧区水利，建设节水高效灌溉饲草料地。

3. 推进社会主义新农村建设的 2 个一号文件

2006 年，中共中央、国务院下发《关于推进社会主义新农村建设的若干意见》，提出推进社会主义新农村建设的八个方面。统筹城乡经济社会发展部分，提出要"按照高产、优质、高效、生态、安全的要求，调整优化农业结构。加快建设优势农产品产业带，积极发展特色农业、绿色食品和生态农业，保护农产品知名品牌，培育壮大主导产业。大力发展畜牧业，扩大畜禽良种补贴规模，推广健康养殖方式。积极发展水产业，扩大优质水产品养殖，发展远洋渔业，保护渔业资源。提高农产品国际竞争力，扩大园艺、畜牧、水产等优势农产品出口，提高我国农业应对国际贸易争端能力"。充分挖掘农业内部增收潜力，按照国内外市场需求，积极发展品质优良、特色明显、附加值高的优势农产品，推进"一村一品"，实现增值增效。要加快转移农村劳动力，不断增加农民的务工收入。

2007 年中央下发《关于积极发展现代农业扎实推进社会主义新农村建设的若干意见》的一号文件，从八个方面论述了社会主义新农村建设的意见。开发农业多种功能，健全发展现代农业产业体系部分，提出"继续坚持立足国内保障粮食基本自给的方针，逐步构建供给稳定、调控有力、运转高效的粮食安全保障体系。2007 年，要努力稳定粮食播种面积，提高单产、优化品种、改善品质。继续实施优质粮食产业、种子、植保和粮食丰产科技等工程。推进粮食优势产业带建设，鼓励有条件的地方适度发展连片种植，加大对粮食加工转化的扶持力度。支持粮食主产区发展粮食生产和促进经济增长，水利建设、中低产田改造和农产品加工转化等资金和项目安排，要向粮食主产区倾斜"，促进粮食稳定发展。

4. 关于农业科技创新，增强供给保障能力的一号文件

2012 年，党中央、国务院发布《关于加快推进农业科技创新　持续增

强农产品供给保障能力的若干意见》，是新中国成立以来中央一号文件首次对农业科技进行全面部署。文件指出，实现农业持续稳定发展、长期确保农产品有效供给，根本出路在科技。要"把农业科技摆上更加突出的位置，下决心突破体制机制障碍，大幅度增加农业科技投入，推动农业科技跨越发展，为农业增产、农民增收、农村繁荣注入强劲动力"。文件强调，要依靠科技创新驱动，引领支撑现代农业建设，重点强调抓好种业科技创新。发挥政府在农业科技投入中的主导作用，保证财政农业科技投入增幅明显高于财政经常性收入增幅，逐步提高农业研发投入占农业增加值的比重，建立投入稳定增长的长效机制。

5. 着力推进和落实农业现代化的 4 个中央一号文件

2013～2016 年连续 4 年，中央一号文件都是围绕推进和落实农业现代化为主题的。2013 年《关于加快发展现代农业，进一步增强农村发展活力的若干意见》提出，着力构建集约化、专业化、组织化、社会化相结合的新型农业经营体系，发展多种形式的适度规模经营。尊重和保障农户生产经营的主体地位，培育和壮大新型农业生产经营组织。必须健全农村集体经济组织资金资产资源管理制度，用 5 年时间基本完成农村土地承包经营权确权登记颁证工作；加快推进征地制度改革，确保被征地农民的生活水平有所提高。文件还指出，要提升食品安全水平，改革和健全食品安全监管体制，健全农产品质量安全和食品安全追溯体系。

2014 年，《关于全面深化农村改革加快推进农业现代化的若干意见》要求，进一步解放思想，改革创新，坚持农业基础地位不动摇，加快推进农业现代化。完善国家粮食安全保障体系和农业支持保护制度，建立农业可持续发展长效机制，大力发展优质安全农产品，努力走出一条生产技术先进、经营规模适度、市场竞争力强、生态环境可持续的中国特色新型农业现代化道路。

2015 年中央一号文件为《关于加大改革创新力度，加快农业现代化建设的若干意见》，文件强调，要主动适应经济发展新常态，按照稳粮增收、提质增效、创新驱动的总要求，继续全面深化农村改革，全面推进农村法治建设，推动新型工业化、信息化、城镇化和农业现代化同步发展，努力在提高粮食生产能力上挖掘新潜力，在优化农业结构上开辟新途径，在转变农业发展方式上寻求新突破，在促进农民增收上获得新成效，在建设新农村上迈出新步伐，为经济社会持续健康发展提供有力支撑。

2016年中央一号文件为《关于落实发展新理念加快农业现代化 实现全面小康目标的若干意见》，该文件是改革开放以来指导"三农"工作的第19份中央一号文件，主要内容包括：持续夯实现代农业基础，提高农业质量效益和竞争力；加强资源保护和生态修复，推动农业绿色发展；推进农村产业融合，促进农民收入持续较快增长；推动城乡协调发展，提高新农村建设水平；深入推进农村改革，增强农村发展内生动力；加强和改善党对"三农"工作指导。从具体内容来看，2016年中央一号文件首次将食品安全上升至国家战略，首次纳入农业供给侧改革。作为农业供给侧改革的重要组成部分，文件对一、二、三次产业融合做了全面部署。

5.1.3 《国家食物与营养发展纲要》为食品农业发展绘制出总蓝图

1. 第二部食物营养纲领性文件——《中国食物与营养发展纲要（2001～2010年)》

2001年11月国务院办公厅发布的《中国食物与营养发展纲要（2001～2010年)》（以下简称《纲要》），是我国继《九十年代中国食物结构改革与发展纲要》之后发布的第二部关于食物发展与营养改善的纲领性指导文件，对于优化我国居民食物消费结构、改善营养健康具有重要的指导作用。《纲要》分析了21世纪初期中国居民食物消费的状况，预判了未来十年可能面临的新情况、新形势，提出了2001～2010年我国居民食物与营养发展的指导思想，坚持的基本原则；包括营养水平、食物消费水平、食物供给水平和降低营养不良性疾病等在内的发展目标；确定了优先发展的"三大重点"，即优先发展奶类产业、大豆产业和食品工业三大重点领域；优先解决农村地区和西部农村地区两个重点区域；优先解决少年儿童、妇幼、老年人三大脆弱重点人群。可以说，《纲要》确定的指导思想、"五个坚持"原则和"三个重点"是适应 21 世纪初期中国居民食物消费需求变化的重要选择。

2. 第三部食物营养纲领性文件——《中国食物与营养发展纲要（2014 ~ 2020 年）》

2014 年 2 月 10 日，国务院办公厅正式发布《中国食物与营养发展纲要（2014 ~ 2020 年）》，这是我国政府制定的第三部关于食物与营养发展的纲领性文件。在总结近年来我国食物与营养发展成就和问题的基础上，该《纲要》立足保障食物有效供给、优化食物结构、强化居民营养改善，提出了 2014 ~ 2020 年我国食物与营养发展工作的指导思想，绘制出至 2020 年我国食物与营养发展的新蓝图。从食物生产、食品加工业发展、食物消费、营养素摄入、营养性疾病控制等五个方面，提出了 2020 年食物与营养发展目标。其中，全国粮食产量稳定在 5.5 亿吨以上，全国食品工业增加值年均增长速度保持在 10% 以上，人均年口粮消费 135 公斤，人均每日摄入能量 2 200 ~ 2 300 千卡等。该《纲要》按照分类指导、突出重点、梯次推进的思路，提出了"三个重点产品、三个重点区域、三类重点人群"的"三个三"发展重点。其中，"三个重点产品"是指，优质食用农产品、方便营养加工食品、奶类与大豆食品；"三个重点区域"主要是贫困地区、农村地区、流动人群集中及新型城镇化地区；"三类重点人群"指孕产妇与婴幼儿、儿童青少年、老年人。该《纲要》的制定，为实现党确定第一个百年目标即全面建成小康社会，提供了国家食物安全战略保障。

5.1.4 农产品加工业发展的战略意义逐步被强化认识

中共中央、国务院《关于做好 2002 年农业和农村工作的意见》明确提出，农产品加工业是直接关系增加农民收入、改善人民生活和促进经济发展的重要产业，加快发展农产品加工业，大幅度提高农产品附加值，是关系中国改革开放和现代化建设全局的重大问题。

2002 年 6 月发布的《全国主要农产品加工业发展规划（农业部）》指

出，新世纪初期，我国农产品摆脱了长期短缺的局面，实现了总量平衡的历史性跨越，但同时也面临着农产品销售不畅、农民增收困难、农业结构性矛盾突出等新问题。发展农产品加工业，能够满足和扩大农产品市场需求，实现转化增值，提高农业综合竞争力，增加农民收入，是国民经济增长和结构战略性调整的新亮点。从消费需求来看，新世纪初期，我国城乡居民生活已经向小康迈进，消费结构正朝简便快捷、营养方便、个性化等需求转变，农产品精深加工是满足不断升级优化的消费需求的重要途径，也是拉动国民经济发展的重要渠道。

2006年，农业部发布《农产品加工业"十一五"发展规划》指出，"十一五"时期，是推进社会主义新农村建设、统筹城乡与社会协调发展、加快构建社会主义和谐社会的重要阶段。这一阶段，农产品原料丰富，政策环境宽松，国内农产品市场需求旺盛，国际市场贸易环境改善，但同时也面临着加工规模和整体水平低、加工技术装备差、加工标准和质量控制体系不完善等内部问题，以及生产成本增加、区域发展不平衡、国际市场竞争压力大等外部制约困境。为此，"十一五"期间我国农产品加工业发展的指导思想，是要围绕大宗农产品和优势农产品，以精深加工为重点，提高农产品附加值，增加农民收益，促进农产品加工业持续、稳定、健康发展。

2011年，农业部发布《农产品加工业"十二五"发展规划》再次强调，"农产品加工业是农业结构战略性调整的风向标，是促进农民就业增收的重要途径，是满足城乡居民生活需求的重要保证"。规划指出，"十二五"是全面建设小康社会的关键时期，农产品加工业发展面临难得机遇。一是国家出台系列扩大内需、加强宏观调控的政策，为农产品加工业提供了良好的发展环境；二是国内需求拉动强劲，随着城乡居民收入水平的快速提高，居民消费结构逐渐向个性化、多样化、高档化转变，农产品加工业发展空间巨大；三是农产品原料充分且基础雄厚，粮食综合生产能力稳步提高，肉、蛋、奶、水产品及果蔬供应充足，优质专用农产品比例进一步加大，为农产品加工业的发展奠定了雄厚的原料基础；四是科技支撑更加有力。全球科技革命迅速发展，科技进步日新月异，为农产品加工业的发展提供了强有力的科技支撑。

5.2 食品农业初期中国农业发展的现状和特征

5.2.1 粮食实现十二连增，食物生产能力稳步提高

21 世纪以来，我国粮食生产能力不断增强，特别是 2004 年以来，我国粮食产量实现"十二连增"，2014 年粮食总产量达 6.1 亿吨，比 2000 年新增 31.4%。同期粮食播种面积达 11 272.2 万公顷，单产达 5 385.1 公斤/公顷；分别比 2000 年增加了 3.9%、26.4%。除粮食之外，肉、蛋、奶、水果、蔬菜、水产品等食物产量增幅显著。统计数据表明（见表 5-1），与 2000 年相比，2014 年我国水果产量增长了 3.2 倍，蔬菜产量增长了 70.9%，油料和糖料分别增长了 75.0% 和 18.7%。养殖业更是以较快的发展速度不断满足居民日益增长的畜禽养殖产品需求，与 2000 年相比，我国奶类产量增长了 3.2 倍，肉类、禽蛋和水产品产量分别增长了 40.8%、32.6% 和 74.3%。小麦、稻谷、蔬菜、水果、肉类、蛋类、水产品等生产量均稳居世界前列。这些食物的足量生产，保障了我国食物总量供需基本平衡，为国民生活水平提高、营养均衡改善、社会和谐稳定奠定了坚实的物质基础。

表 5-1　　　　　　　主要农产品产量及增长情况　　　　　　单位：万吨

年份	粮食	水果	肉类	禽蛋	奶类	水产品
2000	46 217.52	6 225.15	6 013.90	2 182.01	919	3 706.23
2001	45 263.67	6 658.04	6 105.80	2 210.10	1 123.00	3 795.92
2002	45 705.75	6 952.00	6 234.30	2 265.70	1 400.00	3 954.86
2003	43 069.53	14 517.40	6 443.30	2 333.10	1 849.00	4 077.02
2004	46 946.95	15 340.90	6 608.70	2 370.60	2 368.00	4 246.57
2005	48 402.19	16 120.09	6 938.87	2 438.12	2 865.00	4 419.86
2006	49 804.23	17 101.97	7 089.04	2 424.00	3 303.00	4 583.60
2007	50 160.28	18 136.29	6 865.72	2 528.98	3 633.00	4 747.52
2008	52 870.92	19 220.19	7 278.74	2 702.20	3 781.00	4 895.60

续表

年份	粮食	水果	肉类	禽蛋	奶类	水产品
2009	53 082.08	20 395.51	7 649.75	2 742.47	3 735.00	5 116.40
2010	54 647.71	21 401.41	7 925.83	2 762.74	3 748.00	5 373.00
2011	57 120.85	22 768.18	7 965.10	2 811.42	3 811.00	5 603.21
2012	58 957.97	24 056.84	8 387.24	2 861.17	3 875.00	5 907.68
2013	60 193.84	25 093.04	8 535.02	2 876.06	3 650.00	6 172.00
2014	60 702.61	26 142.24	8 706.74	2 893.89	3 841.20	6 461.52
增长幅度	14 485.09	19 917.09	2 692.84	711.88	2 922.20	2 755.29

资料来源：历年《中国农业发展报告》。

5.2.2 城乡居民收入持续提高，农民收入结构不断调整

21 世纪以来，中国城乡居民收入增长显著。城镇居民人均可支配收入从 21 世纪初期的 6 280 多元，增加到 2013 年的 2.7 万元；同期农村居民人均纯收入也从 2 253 元增加到 2012 年的 8 896 元，增幅明显。居民收入水平提高是社会经济发展水平的重要体现，也为家庭食物消费结构优化升级提供了经济支持。此外，城乡居民家庭恩格尔系数也发生了明显变化，如表 5－2 所示，2000 年以来，城镇居民家庭恩格尔系数已经从 2000 年的 39.4% 降低到 2012 年的 35.0%；同期，农村居民家庭恩格尔系数从 49.1% 降低到 37.7%。根据联合国恩格尔系数划定经济发展水平的标准，即 60% 以上为贫困，50%～59% 为温饱，40%～49% 为小康，30%～39% 为富裕，30% 以下为最富裕。随着经济的快速发展，城乡居民恩格尔系数还有出现下降趋势。可以看出，该阶段里，城镇居民已经实现相对富裕，农村居民也从小康迈进了相对富裕阶段。

表 5－2　　　　　　　农村和城镇居民家庭恩格尔系数

年份	城镇居民家庭人均可支配收入（元）	农村居民家庭人均纯收入（元）	城镇居民家庭恩格尔系数（%）	农村居民家庭恩格尔系数（%）
2000	6 280.0	2 253.4	39.4	49.1
2001	6 859.6	2 366.4	38.2	47.7
2002	7 702.8	2 475.6	37.7	46.2

续表

年份	城镇居民家庭人均可支配收入（元）	农村居民家庭人均纯收入（元）	城镇居民家庭恩格尔系数（%）	农村居民家庭恩格尔系数（%）
2003	8 472.2	2 622.2	37.1	45.6
2004	9 421.6	2 936.4	37.7	47.2
2005	10 493.0	3 254.9	36.7	45.5
2006	11 759.5	3 587.0	35.8	43.0
2007	13 785.8	4 140.4	36.3	43.1
2008	15 780.8	4 760.6	37.9	43.7
2009	17 174.7	5 153.2	36.5	41.0
2010	19 109.4	5 919.0	35.7	41.1
2011	21 809.8	6 977.3	36.3	40.4
2012	24 564.7	7 916.6	36.2	39.3
2013	26 955.1	8 895.9	35.0	37.7

资料来源：历年《中国统计年鉴》。

从农民收入构成来看，该阶段里，农民非家庭经营收入所占比重越来越大，而家庭经营收入所占比重则越来越小。2000 年，人均农业家庭经营收入占农村居民人均纯收入的比重为 63.3%，2013 年该比重降低为 41.7%，减少了 21.6 个百分点（见图 5 - 1），而同期非家庭经营所占比重

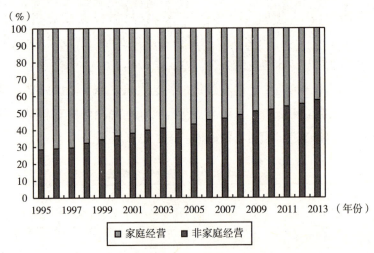

图 5 - 1　1995～2013 年农村居民人均纯收入构成

资料来源：历年《中国农业年鉴》。

从 36.7% 增加到 58.3%，其中转移性收入占比达到 17.5%。说明农民可支配收入来源更加广泛，特别是由于农业种植比较效益低下，外出打工或兼业经营等收入已成为农民收入来源的重要组成部分。

5.2.3 食物加工产能快速增长，满足居民多样化食物需求

食品工业是我国国民经济的重要支柱产业，其现代化水平是反映一个地区文明程度和一国居民生活质量高低的重要标志。2012 年，全国食品工业总产值占国民生产总值的比重为 17.24%，比 2003 年增长了 9.07 倍；全国规模以上食品工业企业数比 2003 年增长了 77.12%；食品企业从业人员增长了 76.32%。随着我国经济快速、持续增长，以及居民对食物营养、健康消费观念的提升，以粮油、肉类、奶类、果蔬以及特色资源食品为重点的产业集群式发展格局逐步形成，产品附加值进一步提高，方便、休闲、保健、绿色等营养化、优质化、时尚化、功能化食品不断涌现。调理食品、速冻食品、熟食制品等新型产品产量逐年增加，基本满足了不同消费层次的市场需求。

5.2.4 居民消费结构不断优化，营养状况明显改善

随着食物生产综合能力大幅上升，我国城乡居民膳食结构进一步改善，2013 年全国居民人均户内消费粮食 148.7 公斤、食用植物油 12.7 公斤、肉类及制品 32.7 公斤、蛋类 8.2 公斤、奶类 11.7 公斤、水产品 10.4 公斤、鲜瓜果 37.8 公斤、蔬菜 94.9 公斤，与 2003 年消费量相比，除了粮食和蔬菜有所下降外，其他食物都有不同程度的提高。据 FAO 统计，2009 年，我国肉类、蛋类和水产品的人均占有量分别是世界平均水平的 1.39 倍、2.08 倍和 1.93 倍，部分动物源食品人均占有量已接近或超过发达国家水平。

居民营养素摄入状况明显改善。总体来看，人均蛋白质、脂类、热量得到显著提高，居民营养水平已居发展中国家前列。FAO 统计数据表明，1978 年，我国居民人均能量摄入 2 062 千卡/日，其中植物类产品和动物类

产品提供能量分别占总能量的93.7%和6.3%；到2011年，人均总能量达到3 075千卡/日，植物类产品和动物类产品供能比分别达到77.6%和22.4%。人均每日蛋白质摄入量从2000年的83.7克，增加到2011年的95.3克，以动物性食物和大豆为主的优质蛋白所占比重从36.6%提高到42.6%。中国居民营养与健康状况监测（2010年）数据显示，城市居民人均膳食维生素C摄入量为85.4毫克，比2002年82.3毫克有所增加，硫胺素、核黄素、铁、锌摄入量均与十年前持平。

营养缺乏性疾病逐渐降低。伴随着我国食物供给数量的日益充足，我国居民营养不足的疾病不断减少。儿童青少年生长发育水平稳步提高，人群营养不良率进一步降低。2010年，城市儿童青少年生长迟缓率和消瘦率分别为1.5%和7.8%，与2002年相比，降幅分别达25%和14%；贫血患病率显著下降，城市居民贫血患病率由2002年的18.2%下降至2010年的9.7%，下降了近一半；随着居民食物营养健康意识的增强，我国城市成年居民慢性病防控意识有所增强，在已知患有高血压和糖尿病的成年人中，分别有56.0%和81.4%的患者采取了饮食控制。

5.2.5 农业比较劳动生产率不断下降，城镇化水平过半

农业是国民经济的基础性产业，但世界经济发展规律表明，经济社会越发达，农业在国民经济中所占的比重会越低，如美国农业产值占全国GDP的2%左右。我国从改革开放以来，农业总产值所占比重也在遵循着此规律，2000年以来，一直处于下降趋势，2013年达到10%左右，但仍然远高于世界发达国家水平。从农业从业人员占社会从业人员的比重来看，更是远远高于其他发达国家，2000年，我国农业从业人员占社会从业人员的比重高达一半，到2013年，依然达到31.4%，而美国只有不足1%的农业从业人口。因此，反映到农业比较劳动生产率上来看，我国农业比较劳动生产率尽管有略微下降趋势，但一直在0.3左右徘徊（见表5-3）。这也说明了，农业与其他非农业产业相比，农村人口比重的下降明显滞后于农业在GDP中比重的下降速度。

表 5 – 3   农业在国民经济中的地位

年份	第一产业增加值占 GDP 比重（%）	第一产业从业人员占社会从业人员的比重（%）	农业比较劳动生产率
2000	16.4	50.0	0.33
2001	15.8	50.0	0.32
2002	15.3	50.0	0.31
2003	14.8	49.1	0.30
2004	15.2	46.9	0.32
2005	12.5	44.7	0.28
2006	11.8	42.6	0.28
2007	11.3	40.8	0.28
2008	11.3	39.6	0.29
2009	10.6	38.1	0.28
2010	10.2	36.7	0.28
2011	10.1	34.8	0.29
2012	10.1	33.6	0.30
2013	10.0	31.4	0.32

资料来源：历年《中国农业发展报告》。

从城镇化进程来看，伴随着我国农业从粮食农业到食物农业，再到食品农业阶段，我国城镇化也经历了缓慢推进、加速推动和快速发展三个阶段。特别是进入新世纪以来的食品农业阶段，城镇化率发生显著变化，年均增长率 1.3% 以上，超过 1980 ~ 1990 年间 0.68% 和 1990 ~ 2000 年间 0.98% 的增长率水平。2000 年城镇化率为 36.2%，2010 年达到 49.95%，接近一半。到 2012 年，中国城镇人口达到 71 182 万人，占总人口数的 52.57%，2013 年再次达到 53.73%。按照预订目标，"十三五"期间将大体保持每年 1% 的增长速度，"十三五"末有望突破 60%。

5.2.6 农业投入持续增加，科技支撑水平显著增强

投入决定产出，进入 21 世纪以来，我国农业投入持续加大，为农业综合生产能力的提高提供了坚实的物质保障。2014 年，我国农用机械总动力达到 10.8 亿千瓦，是 2003 年的 1.79 倍，更是 1978 年的 9.16 倍；农用大

中型拖拉机动力，2012 年达到 1.4 亿千瓦，与 2003 年的 3 230 万千瓦相比，增长了 346.97%，在一定程度上反映了近年来农业集约化、规模化经营的发展势头迅猛；农村用电量 2014 年达到 8 884 亿千瓦时，比 2003 年的 3 433 亿千瓦时增长了 158.78%。同时，科技作为第一生产力，对农业增产增效的作用不断加大。2014 年，我国农业科技进步贡献率超过 56%，比 2010 年提高 4 个百分点，比 2000 年的 43% 提高了 13 个百分点。主要农作物特别是粮食作物良种基本实现全覆盖，主要农作物耕种收综合机械化率达到 63%。

5.2.7　土地流转日益加快，新型经营主体不断涌现

改革开放以来至 21 世纪初，我国土地流转现象比较少见，即使在 20 世纪末的 80~90 年代，全国土地流转的比例都非常小。全国农村固定观察点调查资料表明，1984~1992 年的 8 年间，完全没有转让过耕地的农户比例约 94%。但进入 21 世纪，土地流转的苗头日渐提升，据农业部对全国 2 万多农户的抽样调查结果显示，2003 年，全国土地流转面积占总耕地面积达到 9.1%。随着"四化"同步推进进程日益加速，土地流转的速度也显著提升，2014 年底，我国家庭承包耕地流转总面积达 4 亿多亩，是 2010 年的 2.2 倍。同期，农地流转总面积占家庭承包经营耕地面积的 30.3%，比 2010 年提高 15.7 个百分点。随着土地流转进程的加快，农户经营的土地不断集中，规模不断扩大。2013 年底，尽管我国经营 10 亩以下农户仍有 2.3 亿户，占家庭承包总户数的近 86%，但经营耕地面积在 10 亩以上的农户已经占到总农户的 14%，且 30~50 亩的户数已经达到 2.6%，2014 年，随着经营规模的持续扩大，50 亩以上的农户比例持续上升，达到近 1.3%。

从流转或经营的主体和格局来看，呈现日趋多元化的态势。2010 年，流入农户的土地占比达到 69.3%，流入相关的农业专业合作社的土地所占比例为 10.8%，流入农业企业的土地所占比例为 8.1%，流入其他主体的土地所占比重为 10.7%。2014 年，流入农户和其他主体的比重分别下降了 11.0 个百分点和 0.6 个百分点，分别达到 58.3% 和 10.2%；而流入农民专

业合作社和流入农业企业的比重分别增加了 10.0 个百分点和 1.6 个百分点，达到 21.8% 和 9.7%。从整体布局来看，尽管农户仍占据主导地位，但近年来，"农户 + 合作社（或企业、其他经营主体）"等多元化农户经营主体逐渐增多，打破了之前的农户独大的局面。2010 年，农户的耕地经营面积为 12.15 亿亩，所占经营耕地面积的比重为 95.4%，2014 年，农户的耕地经营面积减少为 11.61 亿亩，所占比重降低到 87.4%。同期，由专业合作社经营的耕地面积从 0.2 亿亩增加到 0.9 亿亩，所占比重从 2010 年的 1.7% 提高到 6.6%，增长了近 5 个百分点，由企业和其他经营主体的耕地面积也增加了近一倍。

5.3 食品主导农业阶段的问题和发展困境

5.3.1 "三农"问题解决的长效机制缺失，农业发展政策有待完善

21 世纪初期的五个一号文件，对农民增收问题长效机制的建立，经过了由认识到探索的过程。如 2004 年中央一号文件指出，农民增收困难是当时亟待解决的突出问题，并把"多予、少取、放活"作为当时和以后农民增收工作的总要求，把发展农村二、三产业作为拓宽农民增收的主要渠道，把加强农村基础设施建设作为农民增收的条件。2005 年中央一号文件指出，"农业依然是国民经济发展的薄弱环节，投入不足、基础脆弱的状况并没有改变，粮食增产、农民增收的长效机制并没有建立"。2006 年中央一号文件再次强调，要"加快建立以工促农、以城带乡的长效机制"。2007 年中央一号文件，把推进现代农业建设作为促进农民增加收入的基本途径和提高农业综合生产能力的重要举措。2008 年中央一号文件再次提出"建立以工促农、以城带乡长效机制"的思路。可以看出，不同时期，"三农"发展面临的问题和矛盾不同，解决的途径和思路也不同，但我国"三农"问题之复杂、之艰巨，需要长期、长效的政策补助和激励机制。

为促进粮食生产，我国21世纪以来相继实施了以最低收购价为要求的粮食托市政策、粮食临时收储政策等多种支持政策。如2004年，全国正式实施粮食直补政策，农业补贴力度逐渐加大。2013年，农民得到的粮食直补、良种补贴、农机具购置补贴和农资综合补贴等四项补贴，已达到人均192元左右。中央财政用于"三农"的支出，由2004年的2 625.8亿元增加到2013年的13 349.6亿元。这些政策措施对促进农民增收、稳定食物增长起到了重要推动作用。从2006年起，我国全面取消农业四税（农业税、屠宰税、牧业税、农林特产税），在中国延续了千年的农业税成为历史，对于减轻农民负担、增加农民收入，调动农民积极性，促进城乡统筹发展，具有重要的意义。然而，2015年以来，农业面临着粮食产量高、进口高、库存高等"三高"，及农产品价格"天花板"、成本"地板价"等突出矛盾，除了继续维持对农业的政策支持外，如何在调整农业生产供给结构、降低生产成本、增加农民收入等方面，制定出"三农"发展的长效机制和政策方向，依然是制约我国农业发展的关键因素。

5.3.2 农产品加工技术相对落后，食品农业发展受制

中国农产品加工程度约为20%～30%，与发达国家的95%相比还相差甚远。从农产品加工业总产值与农业总产值比值来看，2003年，我国农产品加工业总产值与农业总产值比值达到1.04∶1，说明农产品加工业总产值超过了农业总产值。2010年底，农产品加工业总产值与农业产值之比超过1.5∶1，但与工业化发达国家农产品加工总产值和农业总产值比值达到2～3∶1相比，还有很大的差距，说明我国的农产品加工业发展具有较大的潜力和空间。

从农产品加工技术来看，一是我国农产品加工业普遍面临着体系不健全，企业结构及产品结构不合理的问题，如农产品加工产业集中度不高，中小企业占绝大多数，低水平、小规模重复建设现象突出，企业同质化严重。二是从产品结构来看，加工转化和增值能力不强，初加工产品、一般产品多，而高技术含量、高附加值的精深加工产品少。此外，农产品加工

行业缺失自律机制，市场恶性竞争严重。三是从加工损失来看，初加工水平低下，损失率高。初加工设施简陋、工艺落后，导致粮食、水果、蔬菜、马铃薯的产后损失率分别高达7%～11%、15%～20%、20%～25%和15%～20%。四是缺乏我国自主研发的精深加工和综合利用技术装备，目前市场上绝大多数高端加工装备都是从国外进口，农产品加工业发展受制于国外。这些都是制约农产品加工业发展的重要因素。

5.3.3 城乡收入差距显著，城乡统筹困难较多

一是城乡居民收入差距明显。21世纪初，城乡居民收入增长速度差距再次拉大，使得城乡居民收入不平衡问题进一步突出。2000年我国城镇居民人均可支配收入与农村人均纯收入之比为2.8∶1，2006年上升到3.3∶1，尽管2013年又下降到3∶1左右（见图5-2），但城乡收入差距依然是制约我国城乡统筹不可跨越的一道鸿沟。

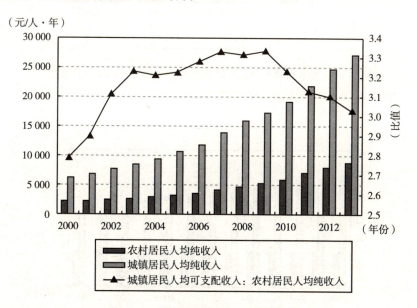

图5-2 城乡居民家庭人均收入比较

资料来源：《中国农业发展报告》，作者整理计算。

二是城乡居民消费结构差异巨大。2000～2012年平均来看，城乡居

民食品消费差异较大，城镇居民注重追求粮食、肉蛋奶之间的全面均衡；农村居民食品消费正在由温饱型向营养型转变，粮食消费远高于城镇居民（见图5-3），而肉蛋奶、水产品等消费与城镇居民消费差距较大（见图5-4）。具体来看，城镇居民和农村居民人均食用植物油消费量分别为9.1千克和6.5千克；猪牛羊肉分别为23.0千克和15.4千克；家禽分别为16.2千克和3.7千克；水产品分别为13.7千克和4.9千克。

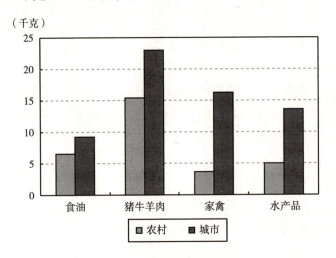

图5-3 城乡居民家庭人均食品消费量（2000～2012年平均数）

资料来源：历年《中国农业发展报告》。

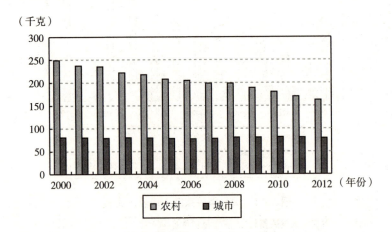

图5-4 城乡居民家庭人均粮食消费量比较

资料来源：历年《中国农业发展报告》。

5.3.4　农业生产力与资源布局错位，资源利用效率不高

一是粮食生产逐渐北移且集中程度越来越高。以黑龙江、吉林、辽宁、内蒙古、山东、河南、河北、北京、天津为代表的北方地区粮食产量占全国粮食产量的比重不断提高，从2000年的37%增长到2013年的47%，增长了10个百分点。十三个粮食主产区粮食产量占全国的比重从2000年的70.5%提高到了2013年的76.0%。从三种主要粮食作物来看，小麦生产的集中程度最高，玉米其次。具体来看，2010年，我国10%的县生产了全国一半以上的小麦；占全国15%的县生产了全国一半以上的玉米，这种高集中的生产布局，有利于国家对粮食的调控，加大政策支持、提高生产效率等。然而，逐渐北移和不断集中的粮食生产，对北方的生态环境造成压力，同时造成南方有利资源条件的无效和浪费。

二是粮食生产布局与水资源布局错位，"北粮南运"难以为继。20世纪90年代以来，南方粮食生产出现明显的滑坡，"南粮北调"不复存在。我国自然资源条件赋予南方充足的水资源和优良的耕地资源，但南方一些水土资源良好的地区不断出现粮食播种面积缩小、双季稻改种单季稻等生产能力下降的现象。相比之下，北方一些缺少水资源的省份承担了重要的粮食生产任务。1990~2008年，我国从北方调入南方的粮食总产量年平均为2 689万吨，约占北方历年粮食产量的12.0%。北方粮食生产与水资源分布的严重错位，加剧了北方地区水资源的压力，不得不依靠开采地下水，导致华北地下水漏斗区大面积出现。尽管近几年我国实施了南水北调工程，但相对于巨大的粮食生产耗水只是杯水车薪，且会造成巨大的资源浪费。

5.3.5　养殖结构调整空间大，生产结构需优化

一是畜牧养殖结构中耗粮型畜禽比重偏高，草食牲畜比重偏低。从畜牧业内部来看，猪肉总产量所占肉类比重远高于牛肉和羊肉所占比重。2013年我国肉类总产量8 535万吨，猪肉、牛肉、羊肉、禽肉占肉类总产

量的比重分别为64%、8%、5%和21%。猪肉和禽肉占我国肉类总产量高达85%，而生猪、禽类均为耗粮型动物，主要靠粮食饲养，牛、羊、兔等草食性、节粮型牲畜比重较小。在我国目前耕地资源有限、畜牧业生产方式落后、生产效率低下的大环境下，以生猪为主的耗粮型畜牧业生产格局使得饲料供需矛盾日益尖锐，人畜争粮问题日益突出。这一矛盾的解决，不仅需要依靠饲料转化效率的提高以及饲料资源的开发利用，还需要调整畜牧生产结构，提高节粮动物所占比例。为此需要大力发展草食畜牧，进一步优化肉类消费结构。

二是大豆、食用油等部分植物性食物生产供不应求。近些年来，随着我国居民生活水平的提高，食用油消费数量发生了很大的变化，农村居民人均食用油消费从2004年的5.3公斤增长到2012年的7.8公斤。以榨油为主的大豆消费数量增长迅速，但伴随着国内大豆生产的不断压缩，我国大豆进口数量不断攀升，大豆国际市场的依存度很高。未来我国的国产大豆需求量将在一段时间内持续稳步增长，以大豆为代表的油料作物的进口量会不断提高。这就要求我们提前谋划，优化生产结构，满足居民消费需求变化。

5.3.6 农民外出务工浪潮迅猛，农业生产内部矛盾显现

党的十六大报告明确指出，要将基本实现工业化作为我国21世纪初期经济建设的重要任务之一，并于2020年基本实现工业化。党的十八大又提出了具有中国特色的"四化同步"目标，即工业化、信息化、城镇化、农业现代化同步协调发展。随着农业工业化、城镇化的推进，以及农业比较劳动生产率的不断下降，我国出现了农村劳动力大量向第二、第三产业转移的现象。2005年，从农村转移到二、三产业务工的农民近1.26亿人。2010年和2011年，分别增加到2.4亿人和2.63亿人，2013年达到2.7亿人，部分农村地区外出务工的劳动力占当地劳动力的比重高达70%~80%，在家务农的劳动力以"老少弱病"为主，导致很多地方出现农业生产力季节性和结构性短缺等矛盾。2020年我国城镇化率进一步提高，有望每年增长一个百分点，达到60%，届时农业劳动力季节性、结构性短缺现象更加

突出，将直接导致劳动力成本迅速上升，农产品价格持续抬高，国内外农产品价差继续拉大，农业产业稳定发展将受到进一步挑战。

5.4 农户外出务工影响因素及对农业生产的实证

新的阶段里，受种粮比较效益低下、土地流转加快、机械化程度提高等多因素影响，大批农户外出务工成为这个阶段的显著特征，但农户外出务工的影响因素及其对农业生产的影响，直接影响未来农业政策制定的方向。为此，本书专门对此进行了实证分析。

5.4.1 农户外出务工对农业生产影响的定性判断

"四化"同步推进过程中，农户非农就业稳定增长。与大量农民外出务工相伴随的是许多地区农田闲置，甚至抛荒撂荒，这将对目前农村经营体制和机械化水平条件下的中国粮食安全产生不利影响。特别是农村劳动力已经成为制约中国粮食安全的重要因素条件下，如何考量粮食主产县和非粮食主产县户主和家庭人员外出务工行为及影响因素，从而为制定粮食主产县提高农民种粮积极性以及引导非粮食主产县农民有序流转等政策，提供理论和实证依据，这对于促进区域经济发展、保障国家粮食安全具有重要的现实意义。

农村劳动力的非农就业问题一直是中国农业经济领域的热点问题，到目前为止，所涉及的研究成果很多，内容也非常丰富。从已有研究成果来看，其中大部分主要集中在农村劳动力转移的制度设计、宏观政策环境和农民增收的作用等，就农村劳动力非农就业决策上，主要集中在农民外出务工的动机和影响因素两个方面。从外出务工的动机研究来看，古格勒（Gugler，1978）等将农民工外出就业动机归结为流动个体的理性选择和社会结构的生存压力；王春光认为，20 世纪 80 年代农民工外出就业的动因是农村剩余劳动力过多和普遍贫困，而 20 世纪 90 年代农民工外出就业的动因是追求现代城市生活。史清华等（2004）认为，收入需求和谋求更好个人发展是农民外出就业的主要动机。从影响农民外出务工的影响因素研究来看，赵耀辉（1997）认为，农民外出就业的理性选择中，个人的人力资本发挥着越来越重要的作用。王文信（2008）将个人和家庭因素作为农村劳动力外出就业的主要影响因素。杨金凤（2008）认为，除了个人因素和家庭因素外，社会因素和经济因素也影响着农民外出就业的选择。武晋等（2011）认为，农村劳动力外出就业受家庭和个人条件的制约，家庭条件包括家庭人口结构、耕地占有量、年总收入；个人条件包括性别、年龄、文化程度、身体状况和技能。从各因素的影响方向和程度大小来看，何军等（2007）认为，影响农民外出务工最重要的因素是个人特征，其中年龄对农民外出打工具有负面影响，受教育年限和性别具有正面影响。黄四海（2011）也认为受教育程度、年龄等对外出务工有显著影响，但性别对外出务工意愿的影响不显著。另外，也有研究认为，粮食补贴政策对农户非农劳动时间供给具有显著的负面影响。但已有研究很少将粮食主产县与非粮食主产县的农户外出务工和家庭人员外出务工做对比研究，这将不利于我国粮食主产县制定有关吸引农民留在农村、服务农业的政策，也不利于促进非粮食主产县农民真正离开农业，真正实现离土离乡。本研究将分析影响粮食主产县和非粮食主产县户主和家庭成员外出务工的主要影响因素，探讨不同因素在不同区域的影响程度、方向和区别，为制定相关区域化农民工流动政策，确保国家粮食安全提供参考。

5.4.2　理论框架和模型变量

1. 理论框架

农民外出务工行为及变化是一个相当复杂的经济现象，是微观、宏观等多层面的社会、经济、地理乃至家庭、个人等诸多因素相互作用的结果。"新古典农户经济学理论"将农户的非农劳动问题与农户的农业生产看成一个整体，农户以追求整体家庭效用最大化为目标，其"农业生产者"、"非农劳动者"和"消费者"组成特殊的经济组织。该理论认为，农民的农业劳动和非农劳动具有"不可分性"。中国农村劳动力的这种"不可分性"被保卢斯（Bowlus）的研究所证实。另外唐纳德·博格

（D. J. Bague）于20世纪50年代末首先提出了人口学上最重要的宏观理论即"推拉理论"，该理论认为，改善生活条件是人口流动的主要目的，流入地有利于改善生活条件的因素和流出地不利于改善生活条件的因素就是人口流动的推力和拉力。之后该理论得到不断修正。李（E. S. Lee）在此理论基础上，认为流出地和流入地都同时具有拉力和推力，并提出了影响人口流动的第三个因素，即中间障碍因素（如物质障碍、距离远近、语言文化差异等）。与新古典迁移理论把迁移决策作为独立的个体行为不同，新迁移经济理论认为，迁移决策不是独立的个体行为，通常是家族或家庭的行为，在分析劳动力市场时，迁移者的行为和绩效也在较大程度上依赖于迁移者家庭的偏好和家庭的约束；农村劳动力迁移的目的是为了最小化家庭风险，不单单是预期收入最大化。新迁移经济理论还提出了影响家庭迁移决策的三种家庭效应，即"风险转移"、"经济约束"和"相对贫困"。明瑟（Mincer, 1986）的实证研究也从不同角度论证了类似的结论，即家庭是影响人们做出迁移决策的关键因素。

基于以上理论基础和国内外前人研究成果，本书提出两个假定：第一，假设农民工外出务工的"拉力"即流入地有利于改善生活条件的诱导对所有农民工是相同的；第二，假设农民外出务工是个人与家庭的共同决策行为，影响个人和家庭成员外出务工的因素不同，但都可以归结为基于客观条件约束下的内外合力共同作用的结果。具体来看，客观条件是指不以个人或家庭意志转移的现实状况，如本村离最近县城的距离等；内力是指促进农民自身或家庭成员外出打工的内在积极性或动力；外力是指农民自身或家庭受到的外在环境或生活压力。

2. 模型变量

结合已有对农户非农就业行为的研究成果，本章选取两个被解释变量，即户主是否外出务工和家庭成员外出务工人数占家庭总人数的比重；根据本章的研究假设，以及所选取河南、四川等粮食主产县和非粮食主产县的农户特征，本研究的解释变量分别选取了户主自身特征、家庭人员素质、家庭粮食生产情况、本村基本情况、家庭对城市生活向往的动力和家庭压力等。其中户主自身特征变量包括户主年龄、性别、健康状况、有无非农技能、有无外省务工经历、是否家庭农业生产的主力；户主的受教育程度与家庭人员素质存在一定的相关性，因此，这里没有将户主的受教育程度作为解释变量列入。一般认为，户主年龄越小，健康状况越好、有非农技能和有外省务工经历、不是家庭中农业生产的主力的男户主，外出务工的可能性更大。

家庭人员素质包括家庭中是否有高中以上学历的人员和家庭中是否有村干部，一般认为，家庭中有学历较高的人员或家庭中有村干部等人员，对外界信息接触越多，家庭成员外出务工的可能性越大。

家庭粮食生产情况变量包括家庭人均耕地规模、对粮食补贴了解与否、农业机械化程度。一般认为，家庭人均耕地规模越小、对粮食补贴了解越少、农业机械化程度越高，家庭成员外出务工的可能性越大。

所在村基本情况包括本村离最近县城的距离和本村民间借贷难易程度。一般认为，家庭离最近县城的距离越近，家庭成员农户外出务工的可能性越大。

对城市生活向往的动力和家庭压力变量包括家庭对城市生活的向往、最近五年家庭中是否有孩子上学的压力和最近五年家庭中是否有孩子结婚的压力。一般认为，对城市向往越强烈，家庭中经济压力越大，家庭成员外出务工的可能性就越大。

不同类别变量的名称、含义及影响效应预期见表5-4。

表5-4　　　　　　　　变量名称、含义及影响效果预期

变量类型	变量名称	变量符号	变量说明	效应预期
被解释变量	户主是否外出务工	head		
	外出务工人数占家庭总人数的比重	prop		
解释变量				
户主自身特征	年龄	age		−
	性别	gen	1＝男；0＝女	?
	健康状况	health	0＝较差或无劳动能力；1＝良好；	+
	有无非农技能	skill	1＝有；0＝无	+
	有无外省经历	out	1＝有；0＝无	+
	是否家庭农业生产的主力	majag	1＝是；0＝否	−

续表

变量类型	变量名称	变量符号	变量说明	效应预期
家庭人员素质	家庭中是否有高中以上学历的人员	senior	1＝有；0＝无	＋
	家中是否有村干部	leader	1＝有；0＝无	＋
家庭粮食生产情况	家庭人均耕地规模	perland		－
	对粮食补贴了解与否	subside	1＝了解；0＝不了解	？
	农业机械化程度	mechan	较高或很高＝3，一般＝2；较低＝1	＋
本村基本情况	本村离最近县城的距离	dist		－
	本村民间借贷难易程度	credit	很难或较难＝1、一般＝2、较容易＝3	？
家庭对城市生活向往的动力和家庭压力	对城市生活的向往	ccity	1＝不向往或一般；2＝比较向往或很向往	＋
	近五年家庭中是否有孩子上大学的压力	college	1＝有；0＝无	＋
	近五年家庭中是否有孩子结婚的打算	marry	1＝有；0＝无	＋

3. 模型方法

为验证上述理论判断，本章借助 stata10.0 统计软件，利用 Probit 计量模型分析影响户主外出务工的因素；利用 Tobit 计量模型分析家庭中外出务工人数占家庭总人数比重的影响因素。其模型表达式分别为：

Probit 模型及一般表达式

作为计量经济学非线性分析中的重要模型之一，Probit 模型经常被应用于劳动力转移的研究中，根据研究目的和调研对象，户主外出务工与否有两种选择，即外出务工（head＝1），不外出务工（head＝0），影响户主是否外出务工的因素是多方面的，既受户主个人素质，也受家庭、村基本情况等因素的影响。可按矩阵形式定义模型为：

$$Y = X\beta + \mu$$

式中，Y 是观测值为 1 或 0 的列向量，X 为解释变量观测值矩阵，β

为待估参数，μ 为误差项。运用 Probit 模型，有：

$$Probit(Yi = 1/Xi) = \phi(Xi, \beta) = \phi(\beta_0 + \beta_1 X1 + \beta_2 X2 + \beta_3 X3 + , \cdots, \beta_n Xn)$$

式中，Y 为被解释变量，表示户主是否选择外出打工的概率（是 = 1；否 = 0）；Xi 为解释变量，即 n 个影响户主外出务工的待估因素；$\phi(z)$ 表示标准正态分布函数小于 z 的概率；β_0 为待估常数项，β_1，β_2，$\cdots$，β_n 为待估解释变量的系数。

Tobit 模型及一般表达式

Tobit 模型包含两种方程，即反映选择问题的离散数据模型和受限制的连续变量模型。

$$\begin{cases} w_i = w^* = \alpha_0 + \alpha_i X_i + \varepsilon_i & if \quad w_i > 0 \quad \varepsilon_i \sim N(0, \sigma^2) \\ w_i = 0, \text{ 其他} \end{cases}$$

式中，w^* 为潜变量，即观察到的家庭成员中外出务工人数占家庭总人数的比重，当 $w^* > 0$ 时，所观测到的 w 变量等于 w^*，并在严格正值上连续分布；当 $w^* \leqslant 0$ 时，w = 0。Xi 为解释变量，α 为回归系数向量，ε 为服从正态分布的独立残差项。

5.4.3 数据来源与统计性描述

商水县和上蔡县都是河南省的粮食生产大县，也是新增 1 000 亿斤粮食规划中的重点产粮大县。2011 年末，商水县总人口为 121.4 万人，总耕地面积 206.91 千公顷，其中粮食播种面积为 150.48 千公顷，粮食产量 102.9 万吨，居河南省各县（市）第 7 位。上蔡县总人口 148.62 万人，总耕地面积 199.35 千公顷，其中粮食播种面积 160.81 千公顷，粮食产量达 96.4 万吨，居河南省各县（市）第 8 位。三台县、中江县、简阳县都是四川省的粮食生产大县，2011 年，三县粮食产量分别达到 83 万吨、85 万吨和 69 万吨，都属于全国产粮强县。

为了与粮食主产县做比较，本研究选取了河南巩义市、偃师市和四川的崇州市农户作为粮食主产省非粮食主产县的代表，其中巩义和偃师是全国百强县，崇州是四川经济发展较快的市。从理论上分析，不同的经济发展水平以及粮食主产县与否，对当地农户外出务工的行为选择影响有所差异。

本研究所采用的农户调查数据是根据 2013 年 7~9 月对河南、四川两省 8 县 24 村随机抽样的结果。按不同的经济发展水平，每个县（市）抽取了 3 个代表村，并尽量按照家庭收入情况，每个村选取 15~20 户进行入户问卷调查。为了全面分析农户外出务工情况，本调查内容涉及广泛，主要有农户家庭基本情况、家庭就业情况、种粮意愿、土地流转、家庭收入和支出、粮食补贴等，粮食主产县发放问卷 270 份，全部收回，其中有效问卷 253 份；非粮食主产县发放有效问卷 150 份，全部收回，其中有效问卷 135 份，数据描述性统计结果见表 5-5。

表 5-5   调研数据描述性统计

	所有样本		粮食主产县		非粮食主产县	
	平均值	标准差	平均值	标准差	平均值	标准差
head	0.30	0.46	0.29	0.46	0.32	0.47
prop	36.45	23.79	35.24	24.57	38.90	22.01
age	54.96	11.35	54.86	12.02	55.18	9.89
gen	0.84	0.37	0.91	0.29	0.70	0.46
health	0.65	0.48	0.61	0.49	0.73	0.44
skill	0.21	0.41	0.20	0.40	0.22	0.41
out	0.44	0.50	0.48	0.50	0.36	0.48
majag	0.77	0.42	0.74	0.44	0.83	0.38
senior	0.31	0.46	0.29	0.46	0.35	0.48
leader	0.11	0.31	0.13	0.33	0.07	0.26
perland	1.70	3.74	1.98	4.44	1.13	1.45
subside	0.66	0.47	0.68	0.47	0.63	0.48
mechan	2.05	0.83	1.79	0.81	2.59	0.59
dist	17.55	11.59	17.72	10.44	17.20	13.66
credit	1.85	0.80	1.97	0.78	1.60	0.80
ccity	1.51	0.50	1.46	0.50	1.62	0.49
college	0.28	0.45	0.30	0.46	0.22	0.42
marry	0.32	0.47	0.32	0.47	0.31	0.47

从表5-5可以看出，粮食主产县户主外出务工的平均值为0.29，而非粮食主产县户主外出务工的平均值为0.32，说明与粮食主产县户主相比，非粮食主产县户主外出务工的可能性更大；从家庭人员外出务工所占家庭人员比重来看，非粮食主产县高于粮食主产县，说明了与粮食主产县相比，非粮食主产县家庭中更多的成员选取了外出务工。这与现实情况基本上是相符的。

5.4.4 模型估计与结果

1. 模型估计过程

为检验粮食主产县与非粮食主产县户主外出务工是否具有显著性差异，本书采用虚拟变量的形式，将粮食主产区赋值为"1"，非粮食主产区赋值为"0"，其 Probit 模型估计结果表明，粮食主产县与非粮食主产县户主外出务工具有显著差异。为进一步检验影响粮食主产县与非粮食主产县户主外出务工的不同影响因素，本研究分别对粮食主产县和非粮食主产县进行 Probit 模型估计，模型估计结果见表5-6。

表5-6　　　　　　　　　模型估计结果

	粮食主产县和非粮食主产县 head 差异性检验	粮食主产县户主外出务工 Probit 模型结果		非粮食主产县户主外出务工 Probit 模型结果		粮食主产县与非粮食主产县 prop 差异性检验	全部样本 prop 变量 tobit 模型结果
	系数	系数	边际效应	系数	边际效应	系数	系数
age	-0.040 (-4.62)	-0.455 *** (-4.34)	-0.009	-0.043 ** (-2.18)	-0.009	-0.353 (-2.58)	-0.358 *** (-2.61)
gen	0.4632 (1.89)	-0.402 (-1.09)	-0.082	1.038 *** (2.62)	0.218	-0.407 (-0.10)	-0.949 (-0.25)
health	0.237 (1.24)	-0.059 (-0.23)	-0.012	0.696 * (1.84)	0.146	0.863 (0.28)	1.072 (0.35)
skill	0.666 (3.30)	0.625 ** (2.30)	0.128	0.862 ** (2.29)	0.181	-2.613 (-0.73)	-2.583 (-0.72)
out	0.332 (1.87)	0.771 *** (2.95)	0.158	0.034 (0.11)	0.007	0.990 (0.34)	0.647 (0.22)

续表

	粮食主产县和非粮食主产县 head 差异性检验	粮食主产县户主外出务工 Probit 模型结果		非粮食主产县户主外出务工 Probit 模型结果		粮食主产县与非粮食主产县 prop 差异性检验	全部样本 prop 变量 tobit 模型结果
	系数	系数	边际效应	系数	边际效应	系数	系数
majag	−1.311 (−6.21)	−1.097 *** (−4.15)	−0.225	−1.909 *** (−3.82)	−0.401	0.518 (0.15)	0.877 (0.25)
senior	0.069 (−0.35)	0.437 (1.62)	0.090	−0.256 (−0.69)	−0.054	4.243 (1.31)	4.602 (1.44)
leader	−0.250 (−0.91)	−0.873 ** (−2.33)	−0.179	0.206 (0.39)	0.043	−9.393 (−1.98)	−9.832 ** (−2.08)
perland	−0.041 (−0.58)	−0.027 (−0.29)	−0.005	−0.179 (−0.72)	−0.038	−1.770 (−1.71)	−1.872 * (−1.82)
subside	0.079 (0.44)	−0.075 (−0.31)	−0.154	0.397 (1.14)	0.083	5.568 (1.92)	5.491 * (1.90)
mechan-2	0.046 (0.19)	−0.189 (−0.66)	−0.039	1.002 (1.09)	0.194	−0.138 (−0.04)	0.717 (0.19)
mechan-3	0.192 (−0.76)	−0.278 (−0.86)	−0.056	0.678 (0.75)	0.123	−3.420 (−0.86)	−2.070 (−0.59)
dist	−0.005 (−0.59)	−0.010 (−0.81)	−0.002	0.005 (0.42)	0.001	−0.295 (−2.36)	−0.309 ** (−2.49)
credit-2	−0.243 (−1.19)	−0.095 (−0.36)	−0.197	−0.570 (−1.39)	−0.112	−2.618 (−0.79)	−3.109 (−0.96)
credit-3	−0.112 (−0.51)	−0.127 (−0.42)	−0.026	0.031 (0.08)	0.007	0.067 (0.02)	−0.198 (−0.05)
ccity	−0.014 (−0.08)	0.106 (0.47)	0.022	0.0243 (0.07)	0.005	−4.560 (−1.63)	−4.248 (−1.53)
college	0.061 (0.34)	0.146 (0.55)	0.030	−0.011 (−0.03)	−0.002	−6.599 (−2.00)	−6.781 ** (−2.06)
marry	0.061 (0.34)	−0.092 (−0.38)	−0.019	0.214 (0.65)	0.045	6.091 (2.02)	6.202 ** (2.06)
xuni	−0.499 ** (−2.26)	—	—	—	—	−2.649 (−0.73)	
cons	2.278 (3.25)	2.647 *** (3.06)				67.48 *** (5.98)	

注：*、** 和 *** 分别表示10%、5%和1%的显著性水平，括号内为 z 统计值。

同理，为检验粮食主产县与非粮食主产县家庭成员外出务工人数比重是否具有显著性差异，同样采用虚拟变量的形式，将粮食主产区赋值为"1"，非粮食主产区赋值为"0"，其 Tobit 模型估计结果表明，粮食主产县与非粮食主产县家庭外出务工人数比重没有显著性差异。为此，本研究将综合分析所有样本中，影响家庭外出务工人数比重的关键因素，模型估计结果见表 5 - 6。

2. 模型结果解释

从表 5 - 6 可以看出，将地区作为虚拟变量，粮食主产县与非粮食主产县的户主外出务工影响因素具有显著差异（5% 统计水平下显著）。具体来看，影响粮食主产县户主外出务工的因素主要有户主的年龄、有无非农技能、有无外省务工经历、是否是家庭农业生产的主力、农户家庭中是否有村干部等五个因素。从影响的方向来看，户主的年龄、户主是否是家庭农业生产的主力、家庭中是否有村干部对户主外出务工具有显著负作用，即户主年龄越大、户主是家庭农业生产的主力、家庭中有村干部将会导致户主选择外出务工的可能性减少。相反，户主具有非农技能、户主具有外省务工经历对户主外出务工具有显著的正作用，将促进户主更多选择外出务工，放弃在家种粮。从边际效应来看，户主是否是家庭农业生产的主力对户主选择外出务工的负面影响作用最大，其次是家庭中有村干部，最后是户主年龄。从正面作用来看，具有外省务工经历比具有非农技能更能促进户主选择外出务工。在一定程度上说明，在外见过"世面"的粮食主产县户主更倾向于选择外出务工。

影响非粮食主产县户主外出务工的影响因素主要有：户主的年龄、性别、健康状况、有无非农技能、户主是否是家庭中粮食生产的主力五个变量。从影响方向来看，户主年龄和户主是否是家庭农业生产的主力对户主外出务工具有显著负影响，即户主年龄越大、户主是家庭农业生产的主力，则户主选择外出务工的可能性越小；户主的性别、健康状况、有无非农技能对户主外出务工的影响显著为正，说明健康状况越高且有非农技能的男性户主选择外出务工的可能性越大。从边际效应来看，与户主年龄相比，是否是家庭农业生产主力对户主外出务工的负向作用更大。在促进户主外出务工的影响因素中,户主的性别对户主外出务工选择的正向作用影响最大,有非农技能次之,健康状况最小。

将地区作为虚拟变量,粮食主产县与非粮食主产县的外出务工人数占家庭总人数比重差异不显著 (10% 统计水平下不显著)。为此,本章将粮食主产县和非粮食主产县作为一个整体,进行 Tobit 分析,结果表明,影响外出务工人数占家庭总人数比重的因素有:户主的年龄、家庭中是否有村干部、家庭人均耕地规模、对农业补贴了解与否、本村离最近县城的距离、近五年家庭中是否有上大学的压力和近五年家庭中是否有孩子结婚的压力等 7 个指标。从影响方向来看,户主的年龄、家庭中是否有村干部、家庭人均耕地规模、本村离最近县城的距离、近五年家庭中是否有孩子上大学的压力对外出务工人数占家庭总人数比重有显著负作用;可以认为,户主的年龄越大、家庭中有村干部、家庭人均耕地规模越大、本村离最近县城的距离越远,近五年家庭中上大学的压力越大,家庭中外出务工人数的比重越小,即家庭中越倾向于较少的人外出务工。而对粮食补贴了解与否和近五年家庭有结婚的压力对外出务工人数占家庭总人数比重具有显著正向作用。可以认为,对粮食补贴了解越多、近五年家庭中有孩子结婚的压力越大,家庭中越倾向于更多的人选择外出务工。

5.4.5 结论与建议

1. 结论

分析表明,粮食主产县和非主产县的农户和家庭外出务工所受的影响因素不尽相同。①对粮食主产县和非主产县户主外出务工影响都比较显著的因素有户主年龄、户主有无非农技能、户主是否是家庭中农业生产的主力,且影响方向相同。②只对粮食主产县的户主外出务工有显著影响的因素有:户主有无外省经历和家庭中是否有村干部。③只对非粮食主产县户主外出务工影响显著的因素有户主的性别和健康状况。

从外出务工人数占家庭总人数比重的影响因素来看,家庭近五年有孩子上大学的压力越大,家庭中越倾向于较少的人外出务工,在一定程度上说明了目前的农村比较重视孩子受高等教育机会;而与家庭中近五年有孩子上大学的压力不同，家庭中近五年有孩子结婚压力会促使家庭中较多的人外出打工，说明目前农村家庭中孩子结婚依然是不小的一项经济压力。

2. 政策性建议

无论是粮食主产县还是非粮食主产县，户主和家庭成员外出务工决策，都将在一定程度上对微观层面的农户增收和宏观层面的国家粮食安全带来不同的影响。从微观层面来看，户主或家庭成员外出务工，一般会转包耕地或直接放弃耕作，这是实现农户收益最大化的理性选择。然而，从宏观视角来看，户主或家庭外出务工，出现的轻农、离农、甚至弃农现象，势必会影响到国家粮食安全。如何协调两者关系是问题的关键所在。总体来看，亟须采取以下应对措施：①大力培育并依托种粮大户、家庭农场等新型经营主体，积极探讨行之有效的土地流转形式，促进土地流转有序推进，合理引导农地有效适度集中。②加强和完善农村社会保障体系，逐步实现农村社会保障与城市社会保障的有效对接，免除进城务工农民后顾之忧。③进一步完善农业产前、产中和产后的社会化服务体系，提高农业生产各环节的服务能力和水平。④加快研发和推广适应家庭农场的农耕机械，特别是粮食主产区部分大宗农作物的机收水平，加速农业机械化进程，提高规模经营效率。⑤完善现行粮食补贴政策。应按照"谁种地，谁受益"的原则，减少非种粮者的粮食补贴收益，增加真正种粮者的补贴力度，提高其种粮积极性。⑥建立健全耕地利用和农民负担监管机制，特别是外出务工家庭的农地利用和经济负担监管，最大限度地减轻外出务工人员和家庭负担，减少粗放经营甚至抛荒、撂荒对国家粮食安全产生的负面影响。

第 6 章

基于消费结构变化的未来农产品供给判断

6.1 基于目前食物消费增长的未来消费结构变化预测

目前有关我国农产品消费结构变化的预测研究，重点关注的是经济发展水平、居民收入变化、城镇化率提高及农产品的价格变动等对农产品消费需求的影响，主要集中在利用目前已有的消费结构或生产数据，对未来供需变化进行预测。本研究认为，除了基于各种因素变化和目前消费变化趋势的预测，还应该从居民膳食营养的角度，结合《中国居民膳食指南》和《国家食物与营养发展纲要》推荐量，综合判断未来我国农产品消费及供给需求。

本书认为，口粮是保证居民正常身体活动的最根本基础，是人体所需碳水化合物的主要食物来源，蔬菜、水果、肉类是居民必不可少的其他营养物质的重要来源，但是不同的饮食习惯、身体条件、工作性质及运动水平所需的营养物质不同，对各种食物的需求量也有所区别。此外，居民的消费结构所受的影响因素也很多，如居民的收入水平、市场上食物供给种类及价格水平、居民的消费偏好和年龄结构等。因此，无论是口粮还是蔬菜、肉类、奶类、水果等各种食物消费，要想十分精确地预测 2020 年居民的消费数量几乎是不可能的，也是不实际的。我们能做的，是通过居民食物消费结构的历史变化，结合世界食物消费规律，大致地、相对准确地描述未来居民的食物消费情景和消费结构。为此，本书首先对已有口粮、蔬菜、水果和肉类消费的预测进行梳理，并借助 eviews 软件，采用计量经济模型中的时间序列方法，预测 2020 年各食物消费变化情况。

6.1.1 口粮消费及"十三五"需求预测

1. 近二十多年来我国城乡居民口粮消费变迁路径

作为人口大国和农业大国，口粮在中国居民食物消费构成中始终占据不可替代的重要位置。口粮是人体所需碳水化合物的主要来源，为人体提供一半以上的能量。由于我国城乡居民消费口粮的最初形态不同，因此统计过程中，农村居民口粮消费统计利用的是原粮，而城镇居民口粮的消费统计利用的是成品粮。为更加准确地计算，本研究按照原粮与成品粮 1∶0.8 的折算标准，再根据城乡人口比重的加权推算全国居民的口粮消费（见表 6－1）。

表 6－1 全国城乡居民口粮消费变化

年份	城镇居民家庭人均购买（公斤）		农村居民家庭人均消费量（公斤）	乡村人口比重（%）	城镇人口比重（%）	全国人均口粮消费（公斤）
	成品粮	折算口粮				
1981	145.4	181.8	256.1	79.8	20.2	241.1
1982	144.6	180.8	260.0	78.9	21.1	243.3
1983	144.5	180.6	259.9	78.4	21.6	242.8
1984	142.1	177.6	266.5	77.0	23.0	246.0
1985	131.2	164.0	257.5	76.3	23.7	235.3
1986	137.9	172.4	259.3	75.5	24.5	238.0
1987	133.9	167.4	259.4	74.7	25.3	236.1
1988	137.2	171.5	259.5	74.2	25.8	236.8
1989	133.9	167.4	262.3	73.8	26.2	237.4
1990	130.7	163.4	262.1	73.6	26.4	236.0
1991	127.9	159.9	255.6	73.1	26.9	229.8
1992	111.5	139.4	250.5	72.5	27.5	220.0
1993	97.8	122.3	251.8	72.0	28.0	215.5
1994	101.7	127.1	257.6	71.5	28.5	220.4

年份	城镇居民家庭人均购买（公斤）		农村居民家庭人均消费量（公斤）	乡村人口比重（%）	城镇人口比重（%）	全国人均口粮消费（公斤）
	成品粮	折算口粮				
1995	97.0	121.3	256.1	71.0	29.0	216.9
1996	94.7	118.4	256.2	69.5	30.5	214.2
1997	88.6	110.8	250.7	68.1	31.9	206.0
1998	86.7	108.4	248.9	66.6	33.4	202.0
1999	84.9	106.1	247.5	65.2	34.8	198.3
2000	82.3	102.9	250.2	63.8	36.2	196.8
2001	79.7	99.6	238.6	62.3	37.7	186.3
2002	78.5	98.1	236.5	60.9	39.1	182.4
2003	79.5	99.4	222.4	59.5	40.5	172.5
2004	78.2	97.8	218.3	58.2	41.8	168.0
2005	77.0	96.3	208.8	57.0	43.0	160.4
2006	75.9	94.9	205.6	55.7	44.3	156.5
2007	78.7	98.4	199.5	54.1	45.9	153.1
2008	63.6	79.5	199.1	53.0	47.0	142.9
2009	81.3	101.6	189.3	51.7	48.3	146.9
2010	81.5	101.9	181.4	50.1	49.9	141.7
2011	80.7	100.9	170.7	48.7	51.3	134.9
2012	78.8	98.5	164.3	47.4	52.6	129.7

可以看出，改革开放以来，我国城乡居民口粮消费总体上处于递减的趋势，从1980年人年均消费241.1公斤，降低到2012年的129.7公斤，年均递减2.9%。其中城镇居民家庭人均口粮消费一直低于农村居民，但差距在逐渐缩小，如1980年城乡居民口粮消费差距为74.3公斤，到2012年差距只有65.8公斤。

2. 基于指数平滑的未来口粮消费预测

单纯的消费预测方法有很多，常见的有多变量、多元回归预测方法、趋势平均法等，指数平滑法也是其中之一。指数平滑法是对某个单独变量的时间趋势预测，能够避免多元共线性等问题。本书就利用此方法进行预测。

通过对口粮消费（X_1）进行一次指数平滑（X_{11}）、二次指数平滑（X_{12}）、现行平滑（或无季节模型）（X_{13}）和季节迭加模型（X_{14}）的预测（见图6-1和表6-2），可以看出，季节迭加模型（X_{14}）的预测效果较好

（见图 6-1 和表 6-2），表明 2020 年我国居民人均口粮消费有望降低到 102.2 公斤。

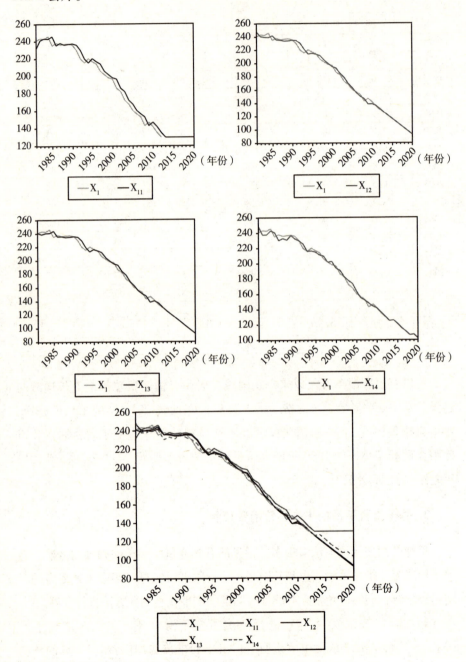

图 6-1　不同平滑方法的口粮预测值与实际值拟合比较

表6-2 不同平滑方法预测值与实际值的数据比较

年份	X_1	X_{11}	X_{12}	X_{13}	X_{14}
2010	141.7	146.9	138.7	140.4	141.6
2011	134.9	141.7	136.1	137.0	136.1
2012	129.7	134.9	130.8	130.7	130.9
2013	NA	129.7	125.4	125.1	125.1
2014	NA	129.7	120.7	120.4	125.8
2015	NA	129.7	116.0	115.6	120.9
2016	NA	129.7	111.3	110.8	115.3
2017	NA	129.7	106.6	106.0	111.1
2018	NA	129.7	101.9	101.2	106.4
2019	NA	129.7	97.2	96.4	107.1
2020	NA	129.7	92.5	91.6	102.2

6.1.2 蔬菜、水果消费及"十三五"需求预测

从近二十多年我国城乡居民消费变迁路径来看，蔬菜消费处于递减趋势（见表6-3），从1981年人均消费129.7公斤减少到2012年的99.2公斤，年均递减1.3%。从城乡居民消费差异来看，城镇居民蔬菜消费高于农村。城乡居民瓜果消费增加比较显著，从1990年的15.19公斤增加到2012年的40.32公斤，年均增长4.8%。城镇居民的瓜果消费远远高于农村居民，2012年，城镇居民瓜果消费量约为农村居民的2.5倍。

表6-3 全国城乡居民蔬菜、瓜果消费变化 单位：公斤

年份	城乡蔬菜消费		城乡瓜果消费		乡村人口比重（%）	城镇人口比重（%）	全国人均消费量	
	城镇	农村	城镇	农村			蔬菜	瓜果
1981	152.3	124.0	21.2		20.2	79.8	129.7	
1982	159.1	132.0	27.7		21.1	78.9	137.7	
1983	165.0	131.0	27.1		21.6	78.4	138.3	
1984	149.0	140.0	32.1		23.0	77.0	142.1	
1985	147.7	131.1	36.5		23.7	76.3	135.0	
1986	148.3	133.7	40.2		24.5	75.5	137.3	

续表

年份	城乡蔬菜消费		城乡瓜果消费		乡村人口比重(%)	城镇人口比重(%)	全国人均消费量	
	城镇	农村	城镇	农村			蔬菜	瓜果
1987	142.6	130.4			25.3	74.7	133.5	
1988	147.0	130.1			25.8	74.2	134.5	
1989	144.6	133.4	38.8		26.2	73.8	136.3	
1990	138.7	134.0	41.1	5.9	26.4	73.6	135.2	15.19
1991	132.2	127.0	41.7		26.9	73.1	128.4	
1992	124.9	129.1	47.4		27.5	72.5	127.9	
1993	120.6	107.4	38.9		28.0	72.0	111.1	
1994	120.7	107.9	40.0		28.5	71.5	111.5	
1995	116.5	104.6	45.0	13.0	29.0	71.0	108.1	22.28
1996	118.5	106.3	46.2		30.5	69.5	110.0	
1997	113.3	107.2	52.1		31.9	68.1	109.1	
1998	113.8	109.0	54.8		33.4	66.6	110.6	
1999	114.9	108.9	54.2		34.8	65.2	111.0	
2000	114.7	106.7	57.5	18.3	36.2	63.8	109.6	32.49
2001	115.9	109.3	59.9	20.3	37.7	62.3	111.8	35.23
2002	116.5	110.6	56.5	18.8	39.1	60.9	112.9	33.54
2003	118.3	107.4	57.8	17.5	40.5	59.5	111.8	33.82
2004	122.3	106.6	56.5	17.0	41.8	58.2	113.2	33.51
2005	118.6	102.3	56.7	17.2	43.0	57.0	109.3	34.19
2006	117.6	100.5	60.2	19.1	44.3	55.7	108.1	37.31
2007	117.8	99.0	59.5	19.4	45.9	54.1	107.6	37.81
2008	123.2	99.7	54.5	19.4	47.0	53.0	110.7	35.90
2009	120.5	98.4	56.6	20.5	48.3	51.7	109.1	37.94
2010	116.1	93.3	54.2	19.6	49.9	50.1	104.7	36.87
2011	114.6	89.4	52.0	21.3	51.3	48.7	102.3	37.05
2012	112.3	84.7	56.1	22.8	52.6	47.4	99.2	40.32

基于指数平滑的未来蔬菜和瓜果消费预测。通过对蔬菜消费(X_2)进行一次指数平滑(X_{21})、二次指数平滑(X_{22})、现行平滑(或无季节模型)(X_{23})和季节迭加模型(X_{24})的预测(见图6-2和表6-4);瓜果消费(X_3)进行一次指数平滑(X_{31})、二次指数平滑(X_{32})、现行平滑

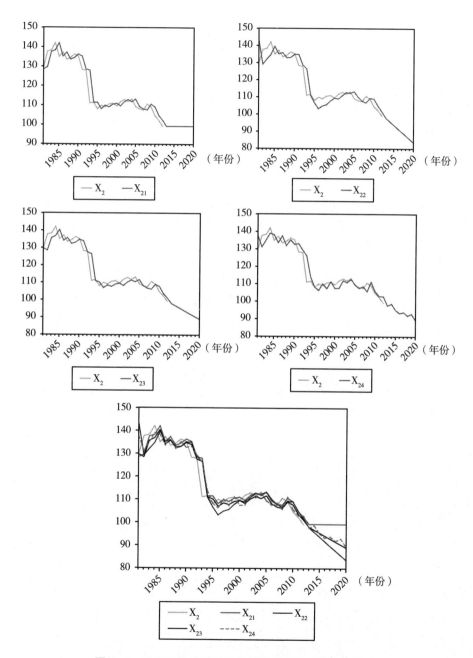

图 6 - 2　不同平滑方法的蔬菜消费预测与实际值的拟合

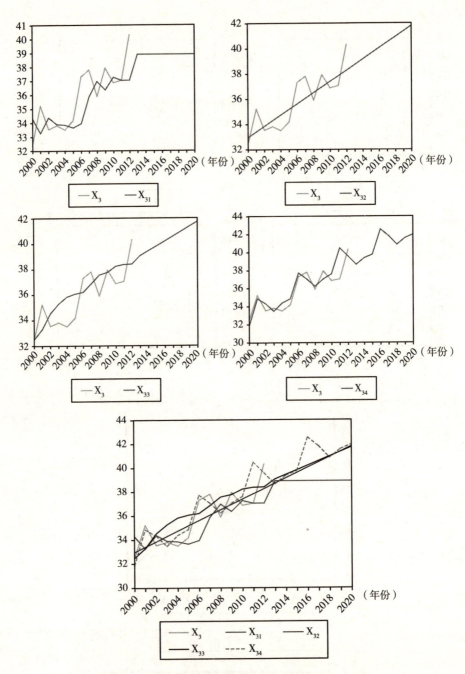

图6-3 不同平滑方法瓜果预测值与实际值的拟合图

（或无季节模型）（X_{33}）和季节迭加模型（X_{34}）的预测（见图 6-3 和表 6-4），可以看出，季节迭加模型 X_{24} 和 X_{34} 的预测效果较好（见图 6-3 和表 6-5），表明 2020 年我国城乡居民人均消费蔬菜和瓜果将分别为 39.4 公斤和 41.96 公斤。

表 6-4　　　　　　不同平滑方法的蔬菜消费预测数据

年份	X_2	X_{21}	X_{22}	X_{23}	X_{24}
2010	104.7	109.1	109.0	107.8	105.8
2011	102.3	104.8	105.0	103.7	103.0
2012	99.2	102.4	101.5	101.1	102.9
2013		99.3	97.9	98.1	97.7
2014		99.3	95.8	96.8	98.7
2015		99.3	93.8	95.5	95.1
2016		99.3	91.7	94.2	93.3
2017		99.3	89.7	92.9	93.9
2018		99.3	87.7	91.6	92.0
2019		99.3	85.6	90.3	93.0
2020		99.3	83.6	89.1	89.4

表 6-5　　　　　　不同平滑方法瓜果预测消费值

年份	X_3	X_{31}	X_{32}	X_{33}	X_{34}
2010	36.87	37.26	37.39	38.24	37.61
2011	37.05	37.04	37.83	38.38	40.48
2012	40.32	37.05	38.27	38.41	39.57
2013		38.91	38.72	39.06	38.65
2014		38.91	39.16	39.44	39.37
2015		38.91	39.60	39.82	39.75
2016		38.91	40.04	40.20	42.54
2017		38.91	40.48	40.59	41.80
2018		38.91	40.92	40.97	40.85
2019		38.91	41.36	41.35	41.57
2020		38.91	41.80	41.73	41.96

6.1.3　畜产品消费及"十三五"需求预测

近二十多年来我国城乡居民畜产品消费变化较大。1981 年城镇居民人均消费猪肉只有 16.92 公斤，2012 年增长到 21.2 公斤，年均增长 1.1%；农村居民人均年消费猪肉从 1981 年的 8.2 公斤增长到 2012 年的 14.4 公斤，年均增长 2.7%。城乡居民猪肉消费差距逐渐缩小，从 1981 年的 8.7 公斤减少到 2012 年的 6.8 公斤。城镇居民牛羊肉、禽、鲜蛋、鲜奶和水产品分别从 1981 年的 1.7 公斤、1.9 公斤、5.2 公斤、4.1 公斤和 7.3 公斤增长到 3.7 公斤、10.8 公斤、10.5 公斤、14 公斤和 15.2 公斤，增长显著。农村居民的消费也同样表现出类似的大幅增长趋势（见表 6 - 6 和表 6 - 7）。

表 6 - 6　　　　　全国城乡居民畜产品消费变化　　　　单位：公斤

年份	猪肉		牛羊肉		禽类	
	城镇	农村	城镇	农村	城镇	农村
1981	16.9	8.2	1.7		1.9	
1982	16.9	8.4	1.8		2.3	0.8
1983	18.0	9.3	1.9		2.6	0.8
1984	17.1	9.9	2.8		2.9	0.9
1985	17.2	10.3	3.0		3.8	1.0
1986	19.0	11.1	2.6		3.7	1.1
1987	18.9	11.0	3.1		3.4	1.2
1988	16.9	10.1	2.8		4.0	1.3
1989	17.5	10.3	2.7		3.7	1.3
1990	18.5	10.5	3.3	0.8	3.4	1.3
1991	18.9	11.2	3.3		4.4	1.3
1992	17.7	10.9	3.7		5.1	1.5
1993	17.4	10.9	3.4		5.2	1.6
1994	17.1	10.2	3.1		4.1	1.6
1995	17.2	10.6	2.4	0.8	4.0	1.8
1996	17.1	11.9	3.3		5.4	1.9
1997	15.3	11.5	3.7		6.5	2.4
1998	15.9	11.9	3.3		6.3	2.3
1999	16.9	12.7	3.1		6.7	2.5
2000	16.7	13.3	3.3	1.1	5.4	2.8
2001	16.0	13.4	3.2	1.2	7.3	2.9
2002	20.3	13.7	3.0	1.2	9.2	2.9

续表

年份	猪肉		牛羊肉		禽类	
	城镇	农村	城镇	农村	城镇	农村
2003	20.4	13.8	3.3	1.3	9.2	3.2
2004	19.2	13.5	3.7	1.3	6.4	3.1
2005	20.2	15.6	3.7	1.4	9.0	3.7
2006	20.0	15.5	3.8	1.6	8.3	3.5
2007	18.2	13.4	3.9	1.5	9.7	3.9
2008	19.3	12.7	3.4	1.3	8.5	4.4
2009	20.5	14.0	3.7	1.4	10.5	4.3
2010	20.7	14.4	3.8	1.4	10.2	4.2
2011	20.6	14.4	4.0	1.9	10.6	4.5
2012	21.2	14.4	3.7	1.9	10.8	4.5

年份	鲜蛋 (农村称蛋及制品)		鲜奶 (农村为奶及制品)		水产品	
	城镇	农村	城镇	农村	城镇	农村
1981	5.2		4.1		7.3	
1982	5.9	1.4	4.5	0.7	7.7	1.3
1983	6.9	1.6	4.6	0.8	8.1	1.6
1984	7.6	1.8	5.2	0.8	7.8	1.7
1985	8.8	2.1	6.4	0.8	7.8	1.6
1986	7.1	2.1	4.7	1.4	8.2	1.9
1987	6.6	2.3		1.1	7.9	2.0
1988	6.9	2.3		1.1	7.1	1.9
1989	7.1	2.4	4.2	1.0	7.6	2.1
1990	7.3	2.4	4.6	1.1	7.7	2.1
1991	8.3	2.7	4.7	1.3	8.0	2.2
1992	9.5	2.9	5.5	1.5	8.2	2.3
1993	8.9	2.9	5.4	0.9	8.0	2.8
1994	9.7	3.0	5.3	0.7	8.5	3.0
1995	9.7	3.2	4.6	0.6	9.2	3.4
1996	9.6	3.4	4.8	0.8		3.7
1997	11.1	4.1	5.1	1.0		3.8
1998	10.2	4.1	6.2	0.9		3.7

续表

年份	鲜蛋 (农村称蛋及制品)		鲜奶 (农村为奶及制品)		水产品	
	城镇	农村	城镇	农村	城镇	农村
1999	10.9	4.3	7.9	1.0	10.3	3.8
2000	11.2	4.8	9.9	1.1	11.7	3.9
2001	10.4	4.7	11.9	1.2		4.1
2002	10.6	4.7	15.7	1.2	13.2	4.4
2003	11.2	4.8	18.6	1.7	13.4	4.7
2004	10.4	4.6	18.8	2.0	12.5	4.5
2005	10.4	4.7	17.9	2.9	12.6	4.9
2006	10.4	5.0	18.3	3.1	13.0	5.0
2007	10.3	4.7	17.8	3.5	14.2	5.4
2008	10.7	5.4	15.2	3.4	11.9	5.2
2009	10.6	5.3	14.9	3.6	12.2	5.3
2010	10.0	5.1	14.0	3.6	15.2	5.2
2011	10.1	5.4	13.7	5.2	14.6	5.4
2012	10.5	5.9	14.0	5.3	15.2	5.4

表6-7　　　　全国居民人均畜产品和水产品年均消费量　　　　单位：公斤

年份	猪肉	牛羊肉	禽类	鲜蛋	鲜奶	水产品
2000	14.5	1.9	5.4	7.1	4.3	6.7
2001	14.3	1.9	6.2	6.8	5.1	2.6
2002	16.1	1.9	6.9	6.8	6.4	7.6
2003	16.2	2.0	7.2	7.1	7.8	7.8
2004	15.6	2.2	6.1	6.7	8.1	7.4
2005	17.3	2.2	7.6	6.8	8.3	7.7
2006	17.1	2.4	7.1	7.0	8.6	7.9
2007	15.1	2.4	8.0	6.7	8.7	8.6
2008	15.1	2.1	8.1	7.3	7.7	7.6
2009	16.4	2.2	8.7	7.2	7.7	7.8
2010	16.7	2.3	8.5	6.9	7.4	8.8
2011	16.6	2.7	9.0	7.1	8.3	8.7
2012	16.9	2.6	9.0	7.6	8.4	8.9

注：根据城乡居民人口比重推算，另外，鲜蛋是城镇居民统计口径，农村是蛋及制品，鲜奶是城镇居民统计口径，农村家庭消费以奶及制品统计。

基于指数平滑的未来猪肉消费预测。通过对猪肉消费（X_4）进行一次指数平滑（X_{41}）、二次指数平滑（X_{42}）、现行平滑（或无季节模型）（X_{43}）和季节迭加模型（X_{44}）的预测（见图6-4和表6-8）可以看出，X_{43}预测效果较好，表明2020年我国城乡居民人均消费猪肉量有望达到19.84公斤。

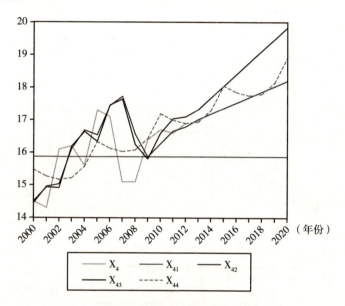

图6-4　不同预测方法猪肉预测值与实际值比较

表6-8　　　　　　　　　猪肉不同预测方法的预测值比较

年份	X_4	X_{41}	X_{42}	X_{43}	X_{44}
2010	16.70	15.87	16.27	16.59	17.19
2011	16.60	15.87	16.66	17.04	16.99
2012	16.90	15.87	16.79	17.10	16.89
2013		15.87	17.02	17.32	16.94
2014		15.87	17.19	17.68	17.29
2015		15.87	17.36	18.04	18.05
2016		15.87	17.52	18.40	17.85
2017		15.87	17.69	18.76	17.75
2018		15.87	17.86	19.12	17.80
2019		15.87	18.03	19.48	18.15
2020		15.87	18.20	19.84	18.91

基于指数平滑的未来牛羊肉消费预测。通过对牛羊肉消费（X_5）进行一次指数平滑（X_{51}）、二次指数平滑（X_{52}）、现行平滑（或无季节模型）（X_{53}）和季节迭加模型（X_{54}）的预测（见图6-5和表6-9）可以看出，X_{54}预测效果较好，表明2020年我国城乡居民人均消费牛羊肉可能达到3.03公斤。

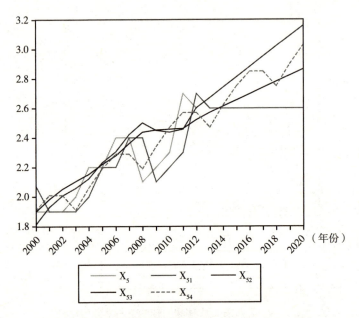

图6-5　不同预测方法牛羊肉预测值与实际值比较

表6-9　　　　　　不同预测方法牛羊肉预测值与实际值比较

年份	X_5	X_{51}	X_{52}	X_{53}	X_{54}
2010	2.30	2.20	2.44	2.46	2.47
2011	2.70	2.30	2.46	2.46	2.57
2012	2.60	2.70	2.60	2.52	2.57
2013		2.60	2.67	2.57	2.47
2014		2.60	2.74	2.61	2.62
2015		2.60	2.81	2.66	2.75
2016		2.60	2.88	2.70	2.85
2017		2.60	2.95	2.74	2.85
2018		2.60	3.02	2.78	2.75
2019		2.60	3.09	2.82	2.90
2020		2.60	3.16	2.87	3.03

基于指数平滑的未来禽肉消费预测。通过对禽类消费（X_6）进行一次指数平滑（X_{61}）、二次指数平滑（X_{62}）、现行平滑（或无季节模型）（X_{63}）和季节迭加模型（X_{64}）的预测（见图6-6和表6-10）可以看出，X_{62}预测效果较好，表明2020年我国城乡居民人均消费禽类食品将达到10.96公斤。

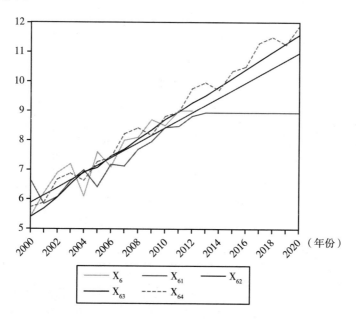

图6-6 不同预测方法禽类预测值与实际值比较

表6-10 不同预测方法禽类预测值与实际值比较

年份	X_6	X_{61}	X_{62}	X_{63}	X_{64}
2010	8.50	8.44	8.42	8.71	8.81
2011	9.00	8.48	8.68	8.97	8.96
2012	9.00	8.82	8.93	9.27	9.76
2013		8.93	9.19	9.52	9.96
2014		8.93	9.44	9.81	9.71
2015		8.93	9.69	10.11	10.35
2016		8.93	9.95	10.40	10.50
2017		8.93	10.20	10.70	11.30
2018		8.93	10.46	10.99	11.50
2019		8.93	10.71	11.29	11.25
2020		8.93	10.96	11.58	11.89

基于指数平滑的未来禽蛋消费预测。通过对禽蛋消费（X_7）进行一次指数平滑（X_{71}）、二次指数平滑（X_{72}）、现行平滑（或无季节模型）（X_{73}）和季节迭加模型（X_{74}）的预测（见图6-7和表6-11）可以看出，X_{73}预测效果较好，表明2020年我国城乡居民人均消费禽蛋将达到8.49公斤。

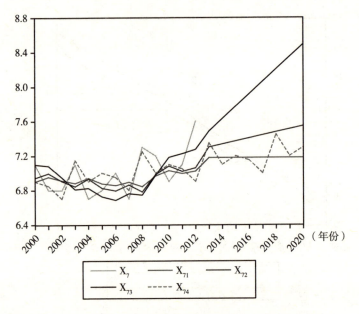

图6-7　不同预测方法鲜蛋预测值与实际值比较

表6-11　　　　　　　　不同预测方法禽类预测值与实际值比较

年份	X_7	X_{71}	X_{72}	X_{73}	X_{74}
2010	6.90	7.03	7.08	7.18	7.10
2011	7.10	6.99	7.02	7.22	7.05
2012	7.60	7.02	7.06	7.27	6.90
2013		7.18	7.30	7.49	7.35
2014		7.18	7.34	7.63	7.10
2015		7.18	7.37	7.77	7.20
2016		7.18	7.41	7.92	7.15
2017		7.18	7.44	8.06	7.00
2018		7.18	7.48	8.20	7.45
2019		7.18	7.51	8.35	7.20
2020		7.18	7.55	8.49	7.30

　　基于指数平滑的未来鲜奶消费预测。通过对鲜奶消费（X_8）进行一次指数平滑（X_{81}）、二次指数平滑（X_{82}）、现行平滑（或无季节模型）（X_{83}）和季节迭加模型（X_{84}）的预测（见图6-8和表6-12）可以看出，X_{83}预测效果较好，表明2020年我国城乡居民人均鲜奶消费将达到10.0公斤。

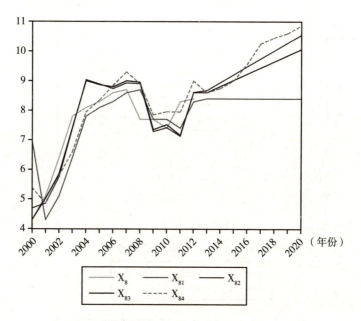

图6-8　不同预测方法鲜奶预测值与实际值比较

表6-12　　　　　　　不同预测方法鲜奶预测值与实际值比较

年份	X_8	X_{81}	X_{82}	X_{83}	X_{84}
2010	7.40	7.70	7.42	7.52	7.96
2011	8.30	7.40	7.14	7.16	7.95
2012	8.40	8.30	8.62	8.61	9.00
2013		8.40	8.68	8.61	8.60
2014		8.40	8.95	8.82	8.75
2015		8.40	9.22	9.03	9.01
2016		8.40	9.48	9.23	9.56
2017		8.40	9.75	9.44	10.26
2018		8.40	10.02	9.65	10.46
2019		8.40	10.29	9.86	10.61
2020		8.40	10.55	10.17	10.87

基于指数平滑的未来水产品消费预测。通过对水产品消费（X_9）进行一次指数平滑（X_{91}）、二次指数平滑（X_{92}）、现行平滑（或无季节模型）（X_{93}）和季节迭加模型（X_{94}）的预测（见图 6 - 9 和表 6 - 13）可以看出，X_{94}预测效果较好，表明 2020 年我国城乡居民人均水产品消费将达到 12.5公斤。

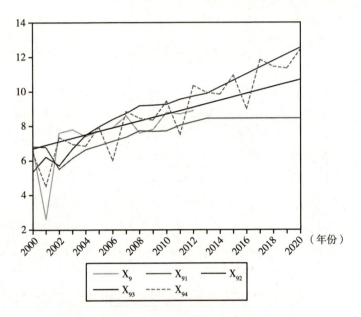

图 6 - 9　不同预测方法水产品预测值与实际值比较

表 6 - 13　　　　　　　不同预测方法水产品预测值与实际值比较

年份	X_9	X_{91}	X_{92}	X_{93}	X_{94}
2010	8.80	7.73	9.27	8.70	9.45
2011	8.70	8.05	9.56	8.90	7.50
2012	8.90	8.25	9.73	9.10	10.35
2013		8.44	9.90	9.30	9.95
2014		8.44	10.28	9.50	9.85
2015		8.44	10.66	9.70	10.95
2016		8.44	11.04	9.90	9.00
2017		8.44	11.42	10.10	11.85
2018		8.44	11.80	10.30	11.45
2019		8.44	12.17	10.50	11.35
2020		8.44	12.55	10.70	12.55

6.1.4　指数平滑法预测消费数据与 2012 年实际消费比较汇总

根据指数平滑法推算的各种农产品 2020 年消费变化（见表 6 - 14），可以看出，口粮、蛋、蔬菜的人均年消费量有减少趋势，而肉类、奶、水产品和水果有上升趋势。

表 6 - 14　　　　指数平滑法预测出的主要农产品人均消费量

	口粮	肉类	蛋	奶	水产	蔬菜	水果
2012 年人均消费量（公斤）	164.3	28.6	12.3	7.8	8.4	99.2	31.6
指数平滑 2020 年人均（公斤）	102.2	33.7	8.5	10.1	12.5	89.4	42.0
变动幅度（公斤）	-62.1	5.1	-3.8	2.3	4.1	-9.8	10.4
变化率（%）	-37.8	17.8	-30.9	29.5	48.8	-9.9	32.9

6.2　基于营养标准的主要农产品"十三五"消费预测

《中国居民膳食指南》、《中国食物与营养发展纲要》等都是针对中国居民实际情况推荐的食物消费标准参考值，具有实践指导意义。

根据《指南》和《纲要》推荐标准，2020 年中国居民人均口粮、肉类、蛋、奶、水产品、蔬菜、水果和食用油的消费量与指数平滑法预测的消费量有一定差距（见表 6 - 15、图 6 - 10）。

表 6 - 15　　　　2020 年《纲要》和《指南》推荐量与指数平滑法

预测值比较

单位：公斤

	口粮	肉类	蛋	奶	水产	蔬菜	水果
2012 年人均消费量	164.3	28.6	12.3	7.8	8.4	99.2	31.6
《纲要》2020 年人均	135.0	29.0	16.0	36.0	18.0	140.0	60.0
《指南》2020 年人均	118.6	22.8	13.7	109.5	31.9	146.0	109.5
指数平滑 2020 年人均	102.2	33.7	8.5	10.1	12.5	89.4	42.0

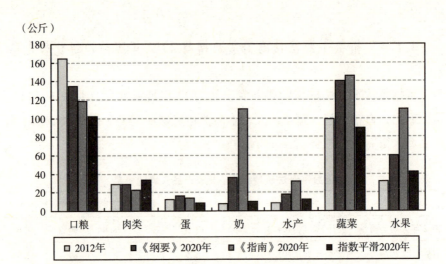

图6-10 不同方法推算的2020年消费与2012年实际消费比较

从表6-16可以看出，无论是指数平滑法预测值，还是《纲要》和《指南》推荐量，2020年，口粮消费都是显著下降的，其中指数平滑法预测值下降最快。从肉类消费预测来看，指数平滑法预测值比2012年消费数量增加显著，《纲要》预测值增加幅度非常小，而《指南》推荐量的消费量远远低于目前消费量。从蛋类消费预测来看，《纲要》和《指南》推荐量都有所提高，而指数平滑法预测值有减少趋势。奶类的预测值差异显著，《纲要》和《指南》推荐量分别是目前消费水平的约4倍和13倍多，而指数平滑法预测的数量变化提高的幅度相对较小。水产品的消费预测中，三种方法的预测值都有不同程度的提高，其中《指南》推荐量增幅最大。蔬菜的预测来看，指数平滑法2020年预测值有减少趋势，但《纲要》和《指南》的推荐量都有较大幅度的提高。水果的预测来看，三种方法的预测值都有所提升，其中《指南》推荐量最高。

表6-16 2020年不同方法预测值与2012年实际值相比增长率 单位：%

	口粮	肉类	蛋	奶	水产	蔬菜	水果
《纲要》	-17.83	1.40	30.08	361.54	114.29	41.13	89.87
《指南》	-27.81	-20.28	11.38	1 303.85	279.76	47.18	246.52
指数平滑	-37.80	17.83	-30.89	29.49	48.81	-9.88	32.91

6.3 基于消费需求和人口变化的未来农产品产量供给预测

6.3.1 未来人口变化预测

未来人口预测的已有研究成果主要集中在未来人口峰值预测和中期未来人口年度变化预测。关于未来我国人口峰值的研究，不同专家利用不同方法做出了结果不尽相同的预测。国内影响力比较大的有，钟甫宁等认为，我国的人口总量将在 2030 年达到峰值，约为 14.57 亿人。中国人口与发展研究中心使用"人口宏观管理与决策信息系统（PADIS）"，应用宏观预测和微观仿真相结合的人口预测模型技术，认为我国人口峰值突破 15 亿的可能性在降低，人口峰值区间是 14 亿~14.9 亿。

关于"十三五"人口数量预测，南开大学李建民根据不同总和生育率方法进行预测，结果表明，未来 15~64 岁劳动年龄人口将在 2015 年开始逐步减少，总和生育率水平越低，劳动年龄人口减少的速度越快。蒋远营基于 2010 年中国人口和就业的部分数据，利用年龄移算法，对我国人口总量、老龄化、人口结构等在短期和中长期两个阶段分别进行了预测，中长期方案结果见表 6-17 观点一。陈卫（2006）以 2000 年人口普查的年龄、性别、生育率、死亡率等数据为基础，预测了 2005~2050 年 0~14 岁的少儿人口、15~64 岁的劳动力人口和 65 岁及以上的老年人口，见表 6-17 观点二。任强基于 Leslie 矩阵和 ARMA 模型的人口随机预测方法，估计了未来死亡率和生育率，并对我国 2020 年不同年龄段的人口进行了预测，见表 6-17 观点三。此外，中国社会科学院专家认为，"单独二孩"放开每年增加的出生人口约一两百万人，对人口结构的影响非常小。加上目前"单独二孩"相对权威的数据还没有公布，因此，本研究暂时不考虑"单独二孩"对 2020 年的人口变化影响。

表 6 – 17 不同研究方法对 2020 年人口预测的结果

年份	观点一	观点二	观点三
2010	13. 45	13. 50	13. 50
2015	13. 42	13. 95	14. 00
2020	13. 47	14. 25	14. 35

利用拟合多模型与组合预测的 2020 年人口数量。实践中对于同样一组时间序列数据，利用不同模型和方法所获得的预测值其精确度不尽相同，对未来的描述结果也各有特点，各有千秋，但不同的预测方法往往能够提供不同侧面的有用信息。目前比较科学的做法，是将不同的预测方法进行适当方式的组合，形成组合预测方法，从而有效、综合利用各种预测方法所提供的信息，提高预测精度。

施密特（Schmitt）在 1954 年曾对美国 37 个大城市人口预测进行组合预测，精确度得到提高。此后，有学者对此种组合预测方法进行过系统研究，成果层出不穷，并引起预测学者的高度重视。近十多年来，我国也对此方法更加重视，特别是证券投资和经济预测等方面得到较快的应用，但在其他方面的应用尚属初级阶段。综合预测的方法也很多，有权重综合法、区域综合法、最优加权法等。本研究拟使用最优加权模型中的相对误差法。

该模型的基本原理为，要想恰当地利用各预测结果并进行组合预测，需求出各模型的最优权重。本章利用表 6 – 17 中三种预测模型的预测结果，将每个预测方法所获得的 2010 年预测值与我国 2010 年实际值的差额占差额总和的比重，作为该预测模型的权重，加权平均后的预测结果见表 6 – 18。

表 6 – 18 各预测值的最优权重

年份	观点一	观点二	观点三
2010 年预测值	13. 45	13. 50	13. 50
2010 年实际值	13. 41	13. 41	13. 41
偏离实际值程度	0. 30	0. 67	0. 67
最优权重	0. 18	0. 41	0. 41

根据各模型的最优权重，推算出 2020 年我国总人口将达到 14. 15 亿人，比 2012 年的 13. 54 亿人增长 4. 5%。

6.3.2 基于人口数量变化和供需平衡的未来农产品产量供给预测

居民未来农产品消费结构变化和人口增长预测为我国未来农产品供给预测以及所需要的农业产业结构调整和生产力布局决策制定，提供了重要的数据支撑。然而，从生产到消费，还需要经历加工、储运等多个环节，每个环节都会造成不同程度的损耗或浪费。因此，基于消费结构变化和人口增长变化的未来农业生产预测，将会造成较大的误差和不准确性。本研究基于我国农产品自给率不变的假设，根据农产品消费增减变化幅度和人口增长预测，推断未来我国农产品的供给需要量（见表 6 – 19）。

表 6 – 19　　　　　　2020 年主要农产品供给需要量　　　　　　单位：万吨

	口粮	肉类	蛋类	奶类	水产	蔬菜	水果
2012 年产量	33 990	8 764	2 990	4 049	6 174	73 359	15 784
《纲要》预测	27 929	8 887	3 889	18 689	13 230	103 532	29 968
《指南》预测	24 537	6 987	3 330	56 847	23 446	107 970	54 694
指数平滑预测	21 142	10 327	2 066	5 244	9 187	66 111	20 978

可以看出，不同出发点和角度，预测的 2020 年主要农作物需要的供给量结果具有一定的差距，这将给未来农产品消费结构调整带来诸多困境。本研究认为，受人体生理功能基本需求的制约，以及居民营养知识或营养理念的影响等，任何一种农产品的消费不可能无限地增加或降低，阶段性的增加或减少受社会生产力、经济发展水平、消费惯性的影响，但作为"十三五"的短期预测，消费惯性的影响非常大，因此，指数平滑法的预测值应该作为短期内结构调整的主要依据，而《纲要》和《指南》作为参考，起到一定的辅助和参考作用。

第 *7* 章

国际农业发展阶段特征及食物消费模式

7.1 现代国际农业发展的三种模式及特征

1. 以美国等为代表的"石油农业"模式

美国、加拿大、澳大利亚等是"石油农业"模式的典型国家代表，这些国家耕地广袤，人口稀少，工业基础强大。19世纪下半叶至20世纪中叶，农业发展采取"以机械化为先导，以石油为基础"，大量使用化肥、农药及灌水，生态环境遭受极大破坏，黑风暴在美国从东到西和苏联的中亚地区多次爆发，且高肥、大水下的农作物易倒伏，不利于机械化作业，此种农业发展模式受到质疑。20世纪后半叶，这些国家及时调整发展战略，重视作物改良，实行农业生产、食品加工、产品营销一体化的产业模式，使这些国家特别是美国农业一直雄踞世界农业贸易首位。

2. 以荷兰等为代表的"创汇农业"模式

荷兰、以色列等是"创汇农业"模式的典型国家代表。这些国家的总体特征是国土面积小，人均耕地资源不足，但工业基础雄厚；农业发展模式以"精耕细作为基础，以出口创汇为目的"，提高农产品附加值是农业发展的战略方针。他们的共同点是通过发展模式的创新，占据世界农业某一领域或某一地区的主导地位。如以色列以花卉为主兼顾果、菜出口，不断抢占以出口技术为主的世界新领域。

3. 以法国等为代表的"兼型农业"

这些国家耕地资源处于"石油农业"和"创汇农业"之间，人口适中，工业发达，在农业发展模式上，汲取美国与荷兰的长处，走出一条集科贸工农一体化和兼出口创汇为一体的兼型农业模式。

本研究选取美国、法国和荷兰作为三种模式的代表，对其农业发展进行深入分析。总体来看，美国、法国和荷兰作为世界上最发达的农业国家代表，其国情差别很大，如美国是一个人少地多的国家，人均耕地在 10 亩以上，法国和荷兰都是人多地少的国家，法国人均耕地大约在 4.2 亩，荷兰人均耕地还不到 1 亩（见图 7 - 1）。人均耕地资源禀赋差异较大，但都创造了巨大的农业净出口额（见图 7 - 2）。不同的资源禀赋条件却取得相同的农业成就，说明存在一种内在的、共同的发展规律，值得挖掘，特别是对于耕地资源处于法国和荷兰之间的中国来看，更值得学习和借鉴。

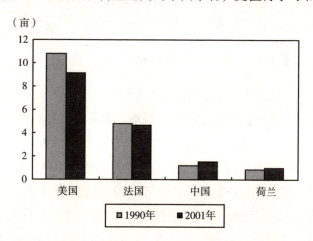

（亩）

图 7 - 1　1990 年和 2001 年四个国家的人均耕地面积

资料来源：《国际统计年鉴》（2005 年）。

7.1.1　美国农业发展阶段及特征

从农业机械化程度、粮食产量提高及农业劳动力转移等角度，可以把美国农业发展划分为三个阶段，即 1910 年以前的半机械化时期，主要任务是生产更多的粮食，农村劳动力逐渐增加；1910～1950 年的机械化快速发

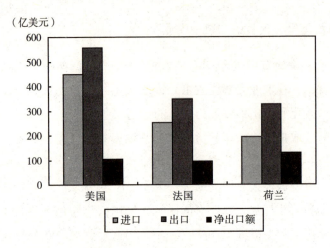

图 7 - 2　2004 年三个国家农产品进出口贸易情况

资料来源:《国际统计年鉴》(2005 年)。

展时期,农业人口向城镇非农部门快速转移;1950 年至今,农业全面实现机械化,农工商一体化使农村劳动力逐步向产前、产后转移。

1. 农业半机械化时期 (1910 年以前)

这一阶段的农业发展主要有以下几个特点。

一是农业实现半机械化。1910 年以前,农业机械虽然有一定程度的发展,但农业仍以畜力为主,畜力在农用动力总数中所占比重高达 75% 以上。从农用机械动力数量来看,1850 年马拉收割机 5 000 台,1864 年开始出现双轮犁、多铧犁和铁制耙,1865 年马拉收割机 25 万台。1870 年蒸汽机开始应用于农业,1880 年农用蒸汽动力 120 万马力,1910 年蒸汽动力比 1880 年增长了 2 倍,达到 360 万马力,此外,农用拖拉机、谷物收割机也分别达到 1 000 台,农用汽车 5 万辆 (陈耀庭,1982)。可以看出,1850 ~ 1910 年的近 60 年间,美国基本实现了农业半机械化。

二是农业生产的主要任务是供给更多的粮食,以满足工业以及整个国民经济社会发展的快速需求。地多人少是美国的基本农情,为快速增加粮食产量,最有效的途径是大力发展农业机械以代替低效的人力和畜力,从而提高农业劳动生产效率。同时,大量开垦荒地,减少单位产品上的活劳动消耗,以提高粮食总产量。这种双措并举使得美国的粮食问题很快得以

解决，粮食总产和人均占有量得到大幅提高。1860 年，美国粮食总产达到
300 亿公斤，人均粮食占有量达到 1 000 公斤；1910 年，粮食总产为 1 033
亿公斤，人均粮食为 1 359 公斤（见图 7 – 3）。

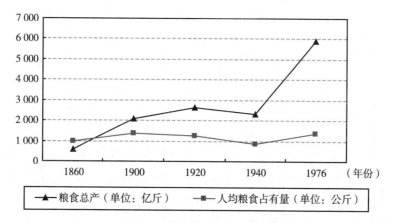

图 7 – 3　美国粮食总产量和人均占有量

资料来源：胡树芳：《国外农业现代化问题》，中国人民大学出版社 1983 年版。

从每个美国农业生产者生产的粮食可供养的人数来看，1860 年为 4.5
人，其中国内消费部分为 4 人，出口国外部分为 0.5 人；1900 年，达到
6.9 人，其中国内和国外分别为 5.2 人和 1.7 人，增长较快（见图 7 – 4）。

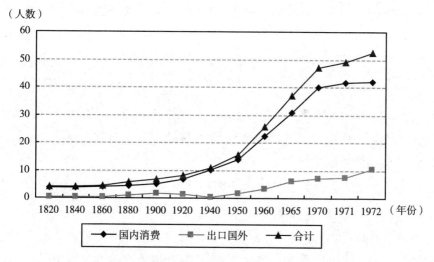

图 7 – 4　美国每个农业生产者生产的产品可供养的人数

资料来源：中国农林科学院科技情报研究所：《美国农业问题参考资料》，1977 年。

从畜牧业发展来看，多余的粮食不仅可直接供畜牧业发展需要，还可以通过轮作或休耕的方式种植饲料作物，增加饲料粮供给。1860年，畜牧业在美国农业中的比重就高达54.8%，1910年为49.3%，有所下降。但从图7-5可以看出，美国历来农牧业并重和均衡发展，且该阶段的多数年份里，畜牧业发展速度要略快于种植业。

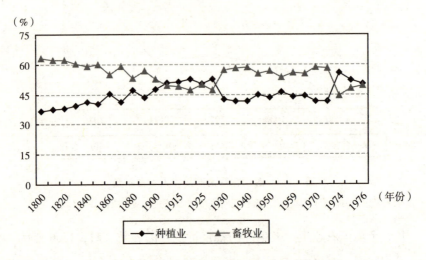

图7-5　美国农业产值中种植业和畜牧业的比重

资料来源：中国科学院经济研究所世界经济研究室编：《主要资本主义国家经济统计集（1848～1960）》，世界知识出版社1962年版；胡数芳：《国外农业现代化问题》，中国人民大学出版社1983年版。

三是农业产值占国民收入比重逐渐下降。国民收入中，工农业产值所占比重变化显著（见图7-6）。1884年，工业产值所占比重达到53.4%，首次超过农业。1900年，工业产值所占比重再创新高，高达61.8%。美国工农经济发展的历程表明，该阶段工业发展速度远远超过农业，这也是世界大多数国家发展的共同规律。

四是农业从业劳动人员逐渐增加。1870年，美国农业劳动力人数为800万人，之后年份逐渐增加，1910年达到最高1 360万人。但农业劳动力占全国劳动力的比重处于下降趋势，1870年农业劳动力占全国劳动力的比重约一半，1910年减少为约1/3，而工业和服务业劳动力占全国劳动力的比重不断上升，从1870年的49%，上升到1910年的约69%。

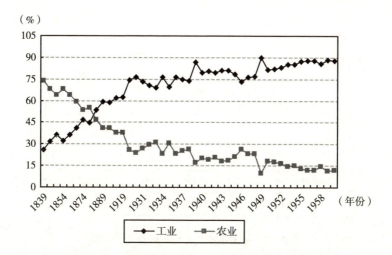

图7-6 美国国民收入中工、农业所占的比重

注：图中数字系根据不同资料加工计算的，1839~1899年系根据工、农业部门增加值计算；1919年以后数字系根据工、农业部门所创造的国民收入计算。这里的工业包括加工工业以及采矿业；建筑及电力工业未包括在内。

资料来源：中国科学院经济研究所世界经济研究室编：《主要资本主义国家经济统计集（1848~1960)》，世界知识出版社1962年版。

五是居民食物消费结构以面粉和谷物类制品为主，肉类所占比例较小。由图7-7可以看出，20世纪初期，美国居民食物消费结构中，人均面粉和谷物制品消费约270公斤，而肉类只有约110公斤，面粉和谷物制品消费是肉类消费的近2.5倍。

2. 农业机械化快速发展时期（1910~1950年）

这一阶段的农业发展主要有以下几个特点。

一是机械化快速发展。1910年以后，美国农场拥有的机器数量大幅增加，机械动力逐步取代了畜力。1940年，农业使用的动力总数达到18 680万马力，其中机械动力占93%，畜力只占7%。美国农场共有拖拉机156.7万台，载重卡车104.7万辆，谷物联合收割机19万台，玉米摘拾机11万台，有电力供应的农场205万个。从布局上来看，种植业和畜牧业之间机械分布不均衡，种植业机械化发展较快，而畜牧业相对较慢；在种植业内部，又以玉米和小粒谷物发展最快，而经济作物、蔬菜和水果类基本

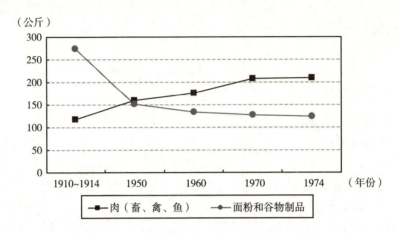

图7-7 美国平均每人每年的食物消费量

注：1910～1914年平均肉的消费量，只包括牛肉和猪肉，且都是按零售重量计算。

资料来源：乔治·惠勒：《美国农业的发展和问题》（中译本），世界知识出版社1962年版；《美国农业统计年鉴》（1972，1975）。

上还是人力劳动为主。"二战"以后，美国农业机械化不均衡的局面才逐渐消除。

二是物化投资大大提高了农业劳动生产率。在美国粮食数量基本过关的基础上，随着工业的快速发展，农业劳动力不断向工业流动，单位农业从业人员劳动效率得到提高；另一方面，工业的迅猛发展又进一步武装了农业，给农业提供了必要的技术装备，使得农业机械、化肥和农药等投资快速增加，农业劳动生产率显著提高。

三是农业人口大量向非农业部门转移，从事农业的劳动力大量减少。美国大力推行农业机械化，尤其是拖拉机和各种收获机械的使用，大大地节省了农业所需要的劳动力。与1914年相比，1950年美国全部农活所需要的劳动力大约减少了8 000亿个工时，约减少1/3，其中减少幅度最大的是生产粮食、棉花、饲料粮、干草等饲料所需的工时（刘振邦等，1980）。可以说，该阶段是美国农业人口向城镇非农业部门大转移的时期，农业劳动力从1910年的1 360万人，减少到1940年的990万人，年均减少12万人；农业劳动力占全国劳动力的比重从1910年的31%迅速下降到1950年的12%。

四是居民食物消费结构从以面粉和谷物制品为主转为以肉类为主，面

粉和谷物制品所占比重不断下降。1914 年,美国居民人均消费肉类为
117.8 斤,1950 年提高到 160.3 斤;而同期面粉和谷物制品消费从 274 斤
下降到 151.5 斤。可以看出,居民食物消费构成中,面粉和谷物制品与肉
类消费比重 1914 年为 70∶30,1950 年该比重变化成 50∶50,面粉和谷物制
品所占比重下降明显,而肉类消费所占比重增加显著。

3. 农工商一体化时期（1950 年至今）

这一阶段的农业发展主要有以下几个特点。

一是农业现代化水平全面快速提高。随着农业机械化程度的持续提
高,农业生产广泛应用整套的现代科学技术,结合高效的科学管理,农业
基本实现了专业化、社会化和农工商一体化的综合发展。

二是农业综合生产能力持续增强,农产品国际贸易居世界首位。该阶
段美国农业尽管在国民收入中的比重从 7% 下降到近年的 2% 左右,但随着
农业效率的提高,农业综合生产能力不断增强,农业生产者人均供养的人
数从 1950 年的约 15 人,增加到 1972 年的约 52 人,增加了近 2.5 倍。农
产品国际贸易数量和贸易额不断扩大,长期占据世界第一位。

三是种养结构和种植业内部结构基本稳定。从种养结构来看,该阶段
种植业和畜牧业基本是同步发展,所占比重变化不大。1976 年,种植业产
值在农业总产值中的比重上升为 50.4%,主要原因是由于世界粮食市场供
给紧张,粮价上涨,美国扩大了粮食种植面积。从种植业内部结构来看,
以谷物为主,谷物面积占种植业总播种面积的近 60%;谷物又以小麦和玉
米为主,小麦主要用途是食用消费,也是重要的出口物资,玉米的主要用
途是饲料,饲料用玉米占 90%。此外,20 世纪 60 年代以后,根据国际市
场需要,美国大力发展大豆并换取大量外汇。总的来看,这一阶段,棉花
种植比重下降,而饲料作物、粮食、油料以及关系出口创汇的作物发展
迅速。

四是居民食物消费相对均衡,食品工业产值巨大。随着工业化的迅速
发展,城市不断扩大,城市人口不断增加,居民对食物消费要求不断提
高。从肉类消费结构来看,种类更加全面丰富,一改过去几乎全部以猪肉
为代表的肉类消费模式,逐渐转变成猪肉、牛肉、羊肉和家禽的均衡肉类

消费模式，特别是牛肉和鸡肉作为美国居民的喜食肉，消费增长最快。
2003 年，美国人均消费粮食 128 公斤、蔬菜 124 公斤、肉类 123 公斤、奶
261.6 公斤，可以看出，粮食、肉、蔬菜消费量几乎相当，奶类消费是粮
食、蔬菜、肉类的近两倍，食物消费比较均衡。另外，美国食品工业产值
较大，包括食品加工，食品、饮料、烟草制造业在内的食品工业是美国的
庞大产业，其产值是农业产值的 2 倍左右（见图 7－8）。

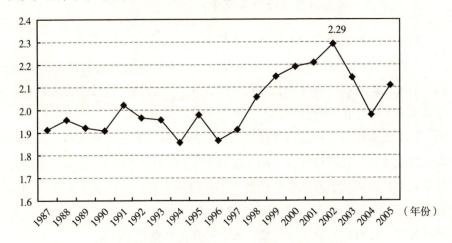

图 7－8 美国食品工业产值与农业产值之比

资料来源：www.bea.gov。

五是农工商一体化逐步健全，产后农业发展迅速。农工商、产加销有
机结合促成了农工商生产经营一体化发展，也将农业细分为产、产中和产
后三个部门。产前部门主要指那些向农业提供各种农用生产资料（如各种
农业机械设备、肥料、农药、种子以及畜牧业用饲料）的部门；产后部门
主要指有关农产品加工、包装、运输、储存、销售一直到直接消费前为止
的所有有关部门（包括食品工业、食品公司等）。农工商一体化的发展，
改变了传统农业结构，使农业经济再生产过程的产前、产中、产后环节紧
密联系在一起，延长了农业产业增值链条，提高了农业产品附加值和农业
综合效益，使得美国农业附加值与农业产值之比达 2∶1 以上。根据部门统
计资料计算的美国农产品最终产值结构如表 7－1 所示。可以看出，1950
年，产后产值所占比重只有 59.3%，到 1970 年，提高到 70.8%，说明产
后农业发展迅速。

表7-1	美国农产品产值结构	单位：%
	1950 年	1970 年
产前和产中	40.7	29.2
其中：产前	14.2	13.7
产中（包括间接税）	26.5	15.5
产后	59.3	70.8

资料来源：刘振邦等：《主要资本主义国家的农业现代化》，农业出版社 1980 年版。

六是大农业比较劳动生产率相对和谐。用比较劳动生产率表示该行业在整个社会中的和谐度，某一行业比较劳动生产率等于该产业就业人数所占总就业人数的比重除该产业增加值所占总 GDP 的比重。比较劳动生产率越接近于 1，表示越和谐。2000 年以前，美国农业、食品工业增加值占GDP 的比重都分别大于其就业人数占总就业人数的比重，说明农业、食品工业平均每个劳动人员创造的价值大于其他行业平均水平。但是 2000 年以后，农业比较劳动生产率开始下降并低于 1，食品工业的比较劳动生产率虽有所波动，但总体大于 1。而农业和食品工业总体的比较劳动生产率仍然大于 1（见图 7-9），说明包括农工商综合体在内的大农业整体发展比较和谐。

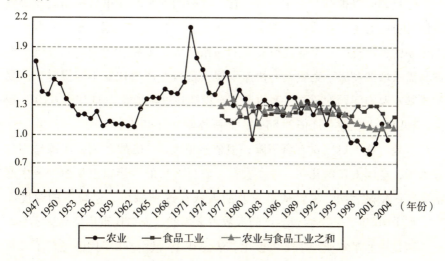

图7-9　美国农业、食品工业比较劳动生产率比较

资料来源：www. bea. gov，作者整理计算。

7.1.2　法国农业发展阶段及特征

从农业综合生产能力、食品工业发展速度以及农工商综合发展水平的角度，可以将法国农业发展历程大体划分为三个阶段。即"二战"以前，以种植业为主的农业缓慢发展阶段；"二战"后至20世纪60年代末，经过战后恢复，人均粮食占有量超过400公斤，畜牧业超过种植业，食品工业快速发展阶段；20世纪70年代以来，农工综合体带动下，农业与食品工业稳步发展阶段。

1. "二战"以前以种植业为主的缓慢发展阶段

"二战"前，受自然灾害、农业危机等多因素的影响，法国农业发展比较缓慢。总体来看，该阶段主要有以下特征。

一是农业发展的主要目标是满足居民粮食需求。第二次世界大战前，法国是典型的农业大国，也是粮食净进口国，且主要靠殖民地吃饭（胡树芳，1983）。该阶段农业发展的重要任务是增加粮食产量，确保居民吃饱饭问题，同时满足工业以及整个国民经济发展的需要。

二是农业以种植业为主。"二战"以前的很长时间里，法国农业一直是以种植业为主，畜牧业和林业非常落后。19世纪中期起，随着农业劳动生产率的不断提高、工业迅速发展和城市扩大，消费者对肉、奶、蛋等畜产品需求增加刺激了畜牧业的快速发展，畜牧业产值比重不断提升。但受解决基本温饱问题的限制，畜牧业一直没能超过种植业，如1937～1939年间，种植业占农业总产值的55%，而畜牧业只占45%。

三是农业人口比重有所下降，但依然很大。"二战"前，法国作为农业大国，全国人口的几乎一半在农村，农村人口的一半以上从事农业生产活动。该阶段后期，尽管从事农业的人数在逐渐减少，但减少的幅度不大，如1946年，从事农业生产的人数占全部就业人口比重依然高达37%。

四是农业基本实现了半机械化。法国在19世纪60年代已经有了农具厂，1882年拥有蒸汽机9 200台，水轮机12 000台，风车9 400台。1913年，拖拉机和耕耘机开始在农业中应用，畜力牵引的农具代替了手工工具。1929 年畜力牵引的农具数量很大,如割捆机 42 万台,割草机 138.8 万台,播种机 32 万台,施肥机 11.9 万台;同时机械动力农具拥有量也很庞大,如蒸汽机 2.2 万台,内燃机 15 万台,电动机 15.9 万台,拖拉机(包括手扶拖拉机)2.6 万台。农业基本上实现半机械化(陈耀庭等,1982)。

2. "二战"后至 60 年代末,人均粮食超过 400 公斤且食品工业快速发展阶段

1947 ~ 1953 年,法国战后第一个经济发展计划确定了农业发展政策的目标,即发展农业生产,满足国内需求,增加农产品出口,降低农业生产成本和产品销售价格,提高人民生活水平。但 1947 ~ 1949 年间,居民对磨粉、糖业、面食和啤酒等为代表的食品工业购买力降低,导致农业生产受到影响,1948 ~ 1949 年,农业产量只达到战前 1934 ~ 1938 年 85% ~ 95% 的水平。在经过战后 10 多年的恢复和发展以后,从 20 世纪 60 年代初开始,法国农业生才真正迅速发展。该阶段的主要特点有:

一是农业产值和人口比重双下降。1910 年,法国农业产值占国内生产总值比重为 35%,1960 年下降到 10.8%(见图 7 - 10);1906 年,法国从事农业生产的人口为 885 万,1961 年下降到 404 万,农业就业人口所占总就业人口的比重也从 43.2% 减少到 21.6%(见图 7 - 11)。农业比重下降的

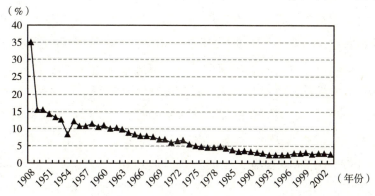

图 7 - 10　法国农业产值在国内生产总值的比重

资料来源:中国社会科学院世界政治与政治研究所综合统计研究室编:《苏联和主要资本主义国家经济历史统计集(1800 ~ 1982)》,人民出版社 1989 年版;www. insee. fr。

主要原因，是随着农业现代化和专业化的发展，机械化程度逐渐提高，社会分工越来越细，工业和服务业迅速发展，农业生产效率大幅提高。

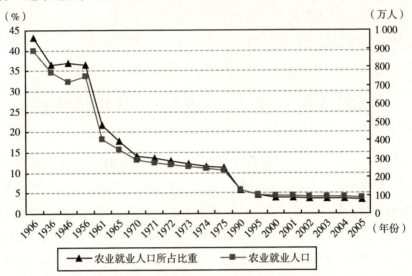

图7-11 法国农业就业人口及所占比重变化

资料来源：中国社会科学院世界政治与政治研究所综合统计研究室编：《苏联和主要资本主义国家经济历史统计集（1800～1982 年）》，人民出版社 1989 年版；国外经济统计资料编辑小组：《国外经济统计资料 1949～1976》，中国财政经济出版社 1979 年版；[日] 宫崎犀一·奥村茂次等：《近代国际经济要览（16 世纪以来）》，中国财政经济出版社 1990 年版；中华人民共和国国家统计局：《国际统计数据》；国家统计局连接网站 www. insee. fr。

二是人均粮食占有量大幅提升，食品工业快速发展。经过 10 多年的战后恢复，农业快速发展，20 世纪 50 年代初，粮食产量逐渐恢复到"二战"前水平，1968 年开始，已经由农产品进口国变为农产品净出口国；人均粮食占有量大幅提升，1950 年，人均粮食占有量为 405 公斤，1968 年迅速提高到 708 公斤。随着人均粮食占有量的大幅增长，以粮食为原料的食品工业迅猛发展，1946 年从事食品工业的人数为 49 万人，占总就业人口的 2.5%；1969 年，从事食品工业的人数增加到 66 万人，所占比重增加到 3.2%（见图 7-12）。

三是畜牧业发展较快，其产值超过种植业。粮食产量的快速提升，也为畜牧业发展提供了良好机遇。特别是当法国人均粮食占有量达到 400 公斤左右时，居民对肉、蛋、奶等畜产品需求逐渐旺盛，畜牧业快速发展。

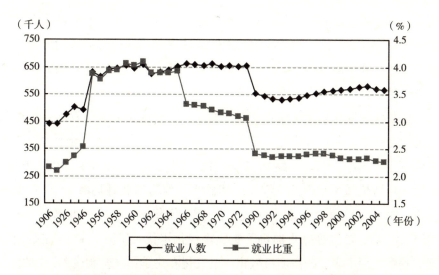

图 7 – 12　法国食品工业就业人数及占全部就业人数的比重

资料来源：中国社会科学院世界政治与政治研究所综合统计研究室编：《苏联和主要资本主义国家经济历史统计集（1800~1982）》，人民出版社 1989 年版；www.insee.fr。

从图 7 – 13 可以看出，1950 年，法国种植业产值占农业总产值的比重已降至 45.5%，畜牧业则上升到 54.5%。1951~1966 年，除个别年份外，畜

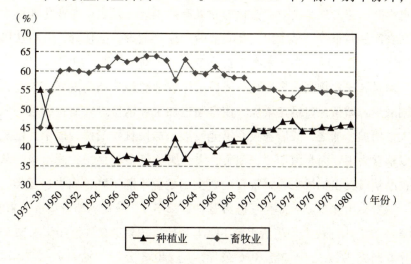

图 7 – 13　种植业和畜牧业在农业总产值的比重

资料来源：胡树芳：《国外农业现代化问题》，中国人民大学出版社 1983 年版；中国科学院经济研究所世界经济研究室编：《主要资本主义国家经济统计集（1848~1960）》，世界知识出版社 1962 年版。

牧业占农业总产值的比重基本上保持在 60%。此后，由于农业就业人口迅速减少以及欧洲共同体农业政策的影响，法国逐渐转向所需劳动力少、经济上又比较合算的谷物生产，导致畜牧业产值所占比重有下降趋势，但仍然高于种植业产值所占比重。

四是农业实现高度机械化。"二战"后，法国工业加速发展，大量农业劳动力流出，务农劳动力严重短缺，农业机械化成为解决劳动力短缺的重要途径。1945～1955 年的 10 年间，法国农用拖拉机增长到 30.54 万台，平均每年增长 2.6 万台。1955 年，法国平均每万亩耕地拥有 11 台农用拖拉机，每 3 亩耕地中有 2 亩能实现机耕，即农业机械化程度高达 66%。1955 年以后，法国进一步加快了农业现代化步伐，仅用了 15 年左右的时间，基本实现了农业的高度机械化、电气化和化学化（陈耀庭等，1982）。

五是农村工业化和专业化迅速发展。第二次世界大战以后，法国经济迅速恢复和发展，城市人口猛增，农业人口迅速下降，工业和服务行业空前大发展，这就要求农业有相应的发展，农业工业化就是在这种情况下实现的，可以说，法国农业工业化起始于 20 世纪 50 年代，基本完成于 60 年代中期；同时，伴随着战后经济复苏和农村工业化的步伐加快，农业专业化也得到迅速发展。农业专业化的效果有两个，一是农业专业化能够大幅提高农产品质量；二是大幅提高农业劳动生产效率。据估计，战后法国农业的增产中有 30%～40% 来源于农业专业化（刘振邦等，1980）。

六是居民食物消费多样化。战后法国农业机械化高度发展，农业人口急剧减少，城镇人口迅速增加，使得通过加工和销售进入消费领域的农产品大量增加。加之，战后畜牧业迅速发展，居民食物消费构成中，已经不再以粮食为主，而是由粮食、蔬菜、肉、奶类等多种食物共同组成。从居民食品消费支出构成来看，粮食消费支出比重不断下降，肉类、蛋类、奶类等消费支出比重显著提高（陈耀庭，1982 年）。从食物消费数量上来看，1965 年，法国居民人均消费粮食 143.1 公斤、蔬菜 150.7 公斤、水果 53.6 公斤、肉类 77.1 公斤、蛋 10.6 公斤、奶 220.3 公斤（见表 7-2）。说明居民食物消费构成中，奶和蔬菜消费数量已经超过粮食，肉类、水果等食物消费上升趋势明显，如 1961～1965 年间，人均肉类消费增加了 4.3 公斤，水果增加了 19.6 公斤。

表 7 - 2   **法国居民平均年食物消费**   单位：公斤

	粮食	油料	植物油	蔬菜	水果	肉类	蛋	奶	鱼类
1961 年	161.4	1.23	7.81	150.7	53.6	77.1	10.6	220.3	18.2
1965 年	143.1	1.29	9.00	143.9	73.2	81.4	10.9	215.5	20.9

资料来源：FAO 整理。

3. 70 年代以后在农工综合体带动下，食品工业稳步发展阶段

20 世纪 70 年代以来，在农工综合体的带动下，法国农业继续稳步发展。1971 年起，法国农产食品贸易额由逆差转为盈余，并由农产食品净进口国变为净出口国。1973 年，法国成为仅次于美国的世界第二大农产食品输出国。该阶段法国农业发展的特点有：一是畜牧业和种植业产值结构基本稳定。1979 年，法国畜牧业占农业总产值比重为 54.3%，种植业占 45.7%。畜产品中以牛肉、奶类、家禽肉为主，且牛肉和奶类产品产值占畜牧业总产值的 2/3 以上。种植业中谷物、水果、蔬菜和酿酒用葡萄所占比重较大。1978 年，种植业内部产值构成为，谷物 36%，水果和蔬菜 27%，葡萄酒 21%，其他作物 16%。

二是居民食物消费趋于稳定。20 世纪 70 年代以来，居民食物消费结构中，粮食消费处于先减少后稳定的趋势，油料、植物油、奶类、鱼类稳中略增；肉类和蛋类基本稳定，蔬菜、水果有所增加（见表 7 - 3）。其中粮食消费构成中，饲料用粮一直高于食用粮食和工业用粮的总和。如 2003 年，人均粮食占有量为 968.9 公斤，其中食用消费 132 公斤，工业用粮 50.5 公斤，饲料用粮高达 350 公斤（见图 7 - 14）。

表 7 - 3   **法国居民平均年食品消费**   单位：公斤

年份	粮食	油料	植物油	蔬菜	水果	肉类	蛋	奶	鱼类
1970	124.0	1.41	9.67	135.0	84.0	86.4	12.5	236.6	21.1
1975	116.9	1.39	9.91	115.1	65.2	91.7	12.9	225.6	22.8
1980	118.9	1.89	12.27	115.3	63.3	101.0	14.4	267.1	25.1
1985	126.7	1.98	15.48	126.1	68.0	98.0	15.0	293.6	25.6
1990	126.0	2.63	16.36	127.0	80.4	98.9	14.7	267.8	32.1
1995	126.8	2.54	16.75	134.9	93.9	97.5	15.8	269.8	29.5
2000	131.0	2.74	17.09	144.5	96.3	100.3	15.9	262.8	30.6
2003	132.3	2.66	18.15	142.9	95.49	98.3	15.3	274.6	31.2

资料来源：FAO 整理。

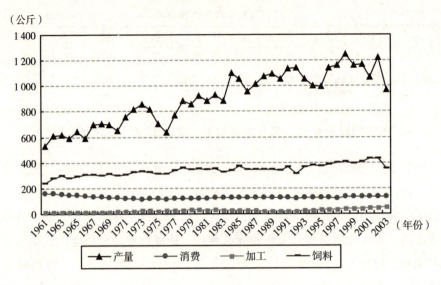

图 7 – 14　人均粮食主要用途

资料来源：FAO 整理。

三是农业财政、金融政策支持力度不断加大。法国能一跃成为世界上的主要农产品出口国，农业政策起了关键作用。首先是农业财政投入大幅增加，1962～1986 年期间，法国政府农业预算拨款由 76 亿法郎增加到 1 137 亿法郎，增加了 14 倍，农业支出占国家民用预算总支出比重高达 13%。其次是创新农村金融制度，为提高新型农业经营主体农业生产积极性，法国政府向新型农业经营单位和年轻农民提供低息贷款并实行优惠的税收政策，同时给农业提供优惠贷款，主要用于自然灾害防治、农场结构调整、农场现代化建设、土地整治等项目的贷款优惠。最后，加大补贴范围，按照"共同农业政策"，不仅对农业生产进行补贴，还对农产品出口进行补贴。这些农业政策的实施，保障了农民的利益，提高了农民的积极性，有效促进了农业的快速发展。

四是农工商综合体快速发展。农工商综合体包括生产综合体（农业和农产食品工业）、生产前综合体（能源、设备工业、生物工业、农业化学和其他工业以及服务业等）、销售综合体和国际贸易综合体。农业生产综合体还包括农业供应合作社、服务合作社及农畜产品生产、加工、储藏和销售合作社和多种经营的合作社等。据估计，1975 年，"综合体"拥有就

业人口 500 万人，占法国总就业人口的 23%，其中农业约 200 万人，制造
生产资料约 40 万人，农业食品工业 100 万人，农业商业和家庭服务 150 万
人。农产食品工业是法国农工商综合体的主导部门。1990 年，不包括酿酒
业在内的食品工业营业额达 4 000 多亿法郎，在国民经济各部门中位居第
一位，食品工业出口额占农产品出口总额比重达 64.4%。

7.1.3 荷兰农业发展阶段及特征

大体看，近现代荷兰农业发展经历了三个阶段，即"二战"前以解决
居民食物消费增长需求为主的初级农业阶段；"二战"后到 20 世纪 80 年
代初，食品加工业和畜牧业快速发展阶段；20 世纪 90 年代以来，以出口
创汇为目标的蔬菜园艺产业异军突起。

1. "二战"前，以解决居民食物消费增长需求为主的初级农业阶段

"二战"前，荷兰农业发展的主要特征有，一是农业在国民经济中
所占比重逐渐下降，食品工业发展缓慢。1878 年农业增加值占 GDP 比重
为 25.8%，1936 年下降到 8.5%。同期食品工业增加值占 GDP 的比重从
8.2% 增加到 10%。从食品工业增加值与农业增加值的比值来看，尽管
有少数年份，食品工业增加值超过农业增加值，但多数年份里，该比重
维持在 0.2~0.6 之间，说明食品工业还处于比较低的缓慢发展阶段（见
图 7-15）。

二是农业收入从种植业为主转向畜牧业为主。19 世纪 70 年代以前，
种植业收入占农业总收入的一半以上，之后随着畜产品加工业的起步，
畜牧业得到迅速发展并超过种植业，畜牧业收入占农业总收入的比重从
1847 年的 31.7% 上升到 1913 年的 61.9%，种植业收入占农业总收入的
比重维持在 30% 左右，此外，园艺业收入所占比重有所增加，但速度缓
慢。1913 年，农业总收入中园艺业所占比重只有 7.9%（见图 7-16）。
从种植结构来看，该阶段草地面积所占比重一直超过一半，种植业面积
所占比重稳定在 40%~45%，园艺种植面积所占比重一直低于 3.5%
（见图 7-17）。

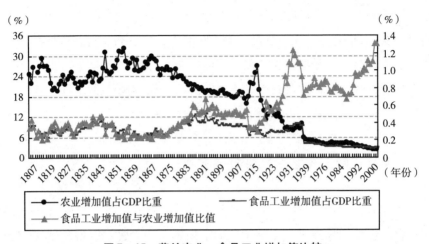

图 7-15 荷兰农业、食品工业增加值比较

资料来源：荷兰统计局。

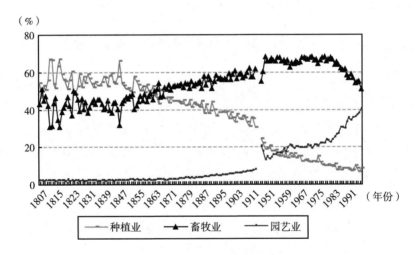

图 7-16 农业总收入构成

资料来源：荷兰统计局。

三是居民食物消费以马铃薯、小麦和牛奶为主。1878年，荷兰居民人均年消费马铃薯176公斤，小麦67公斤，牛奶73公斤，牛肉和猪肉合计约30公斤。1909年，马铃薯消费有所减少，小麦、牛奶、牛肉和猪肉有所增加，分别达到121公斤、91公斤、91公斤和42.7公斤（见图7-18）。直到20世纪初，马铃薯为主但逐渐减少，小麦次之且不断增加，牛奶和肉类缓慢增长的食物消费格局基本形成。

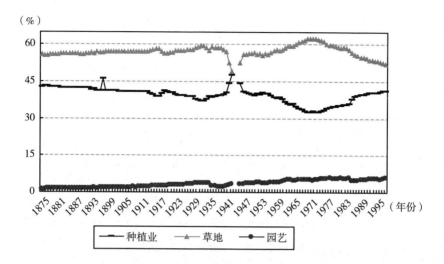

图 7 – 17   荷兰耕地面积利用结构

资料来源：荷兰统计局。

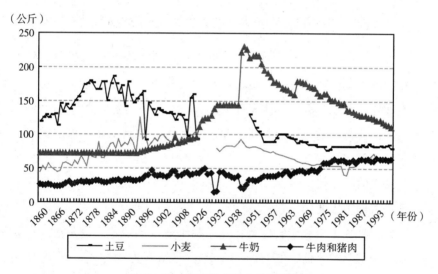

图 7 – 18   荷兰年人均食物消费量

资料来源：荷兰统计局。

　　四是食品工业比较劳动生产率较高。19 世纪末 20 世纪初，荷兰单纯
的农业比较劳动生产率较低，1909 年为 0.6；但食品工业比较劳动生产率
较高，达到 1.5（见图 7 – 19）。说明该阶段，农业与其他行业，比较劳动
生产率低下，但作为农产品加工延伸的食品工业，比较劳动生产率较高，
对农业发展将起到重要的带动作用。

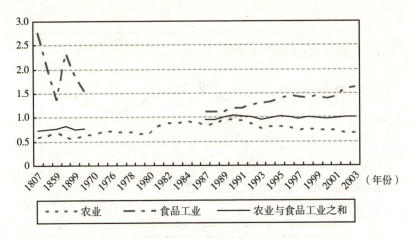

图7-19　荷兰农业、食品工业比较劳动生产率

资料来源：荷兰统计局资料汇总计算。

2. "二战"后到20世纪80年代初，食品加工业和畜牧业快速发展阶段

"二战"后直至20世纪80年代初，荷兰的食品工业和畜牧业发展迅速。此阶段的主要特征有，一是农业在国民经济中的地位稳定，食品工业总产值远超农业总产值。具体表现为，农、林、渔业增加值占GDP的比重基本稳定，变化不明显；而食品工业发展迅猛，食品工业产值占整个制造业产值的比重在20%以上，食品工业增加值与农业增加值的比值超过1，与农业总产值的比值上升到2左右（见图7-20），说明食品工业在荷兰经济中已经占据很重要的位置。

二是食品加工用粮增幅显著，食品加工业发展快速。该阶段，尽管荷兰粮食自给率不断降低，如1961年，粮食自给率为45.3%，到1970年和1979年，分别逐渐降低到40%和29%，但荷兰通过大量进口粮食，来满足加工用粮和饲料用粮增长需求。1961年，荷兰人均国内粮食产量为253.6公斤，但通过进口补充，实现消费用粮133公斤，食品加工用粮48.7公斤，饲料用粮361.6公斤；1979年，荷兰人均食用粮、食品加工用粮和饲料用粮分别为101.2公斤、273.9公斤和230公斤（见图7-21），18年间，人均食品加工用粮增加了225.2公斤，年均增加12.5公斤，食品加工业发展快速。

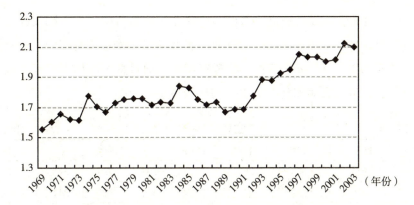

图 7 – 20 荷兰食品工业产值与农业产值的之比

资料来源：荷兰统计局。

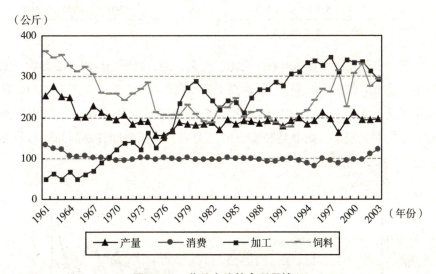

图 7 – 21 荷兰人均粮食利用情况

资料来源：www.fao.org 整理计算。

三是农业生产结构不断调整。从产量来看，除粮食外，肉类、蛋、奶，水果、蔬菜和糖料产量增加都比较快。与 1961 年相比，1980 年粮食产量减少 41 万吨，而奶类、糖料、蔬菜和肉类分别增加 473 万吨、207 万吨、83 万吨和 18 万吨（见表 7－4）。从居民食物消费结构来看，人均小麦、马铃薯消费量所占比重逐渐减小，而黄油、牛肉、猪肉、牛奶等消费量所占比重逐渐上升。从农业产值构成来看，畜牧业收入所占农业总收入的比重远远超过园艺业和种植业，畜牧业不但是农业现代化资金的重要来源，也是增加农业投入的重要渠道。在农业中间消费中，用于购买配合饲料的花费占60%以上，远远超过化肥。畜牧业作为农业主导部门，不仅满足了居民日益增长和优化的畜产品消费需求，通过畜产品加工也大大提高了大农业（包括农业和食品工业）的比较劳动生产率。

表7-4　　　　　　　　　　荷兰主要农产品生产量　　　　　　　　单位：千吨

年份	粮食	糖料作物	油料作物	蔬菜	水果	肉类	蛋	奶类
1961	2 954	3 854	29	1 535	508	720	345	6 953
1965	2 478	3 573	34	1 634	556	923	242	7 142
1970	2 543	4 739	30	2 229	679	1 363	279	8 238
1975	2 129	6 145	44	2 328	530	1 607	283	10 221
1980	2 549	5 931	33	2 367	619	1 901	540	11 785

资料来源：www. fao. org 整理计算。

四是农业在国际贸易中地位突出。受肉、蛋、奶等出口增加的影响，农产品贸易净出口额增长显著，且远高于商品贸易净出口额（见图7-22），足以说明荷兰农产品在本国国际贸易中的重要地位。从农业净出口内部来看，以肉类及制品、奶制品和蛋类出口为主，而谷物和谷物制品进口较多（见图7-22、图7-23）。

（10万美元）

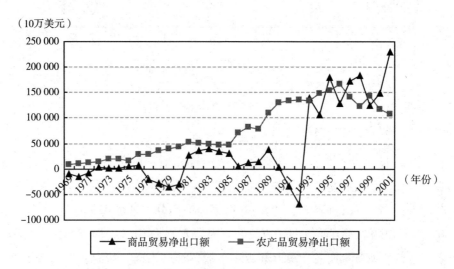

图7-22　荷兰商品贸易净出口额与农产品进出口额比较

资料来源：《粮农组织贸易年鉴》各年整理计算。

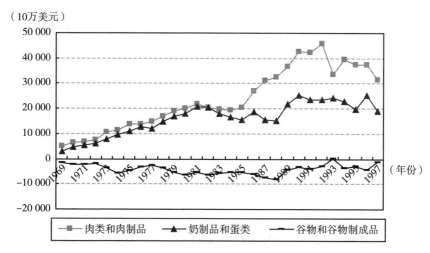

图 7-23　荷兰农产品净出口额

资料来源:《粮农组织贸易年鉴》各年整理计算。

3. 20 世纪 90 年代以来，以出口创汇为目标的蔬菜园艺产业异军突起

20 世纪 90 年代以来，荷兰农业进入以出口创汇为目标的现代农业阶段。该阶段的主要特征有，一是蔬菜园艺业在农业总收入中迅速增长。19世纪末至 20 世纪 60 年代，荷兰农业结构中畜牧业一直占据主导地位，种植业收入占总收入比重一路下滑，园艺业发展略有起色。但进入 20 世纪90 年代以来，园艺产业异军突起。1995 年，农业总产值结构中，畜牧业产值占 51.3%，园艺业产值占 35.4%，种植业仅占 13.3%。

二是园艺产品出口创汇为全国贸易顺差做出重大贡献。在荷兰农产品出口贸易中，蔬菜、花卉等园艺产品占据主导地位。其中，蔬菜出口居世界第一，年出口额 54 亿欧元，进口 36 亿欧元，净出口 18 亿欧元，且大部分进口果菜产品并非国内消费，而是通过拍卖市场等转运到欧盟其他国家。从花卉出口来看，荷兰花卉品种多达上千种，每年鲜切花、花卉球茎、观赏植物等出口总值达 60 亿欧元，其中鲜切花 35 亿欧元，占全球鲜花市场的 60%，欧洲市场的 70%。从园艺产品总创汇来看，2001 年，荷兰园艺产品出口达 152 亿欧元，进口 62 亿欧元，顺差 90 亿欧元，为当年全国进口贸易顺差 237 亿欧元做出了重大贡献。

三是大农业比较和谐。食品工业比较劳动生产率大于 1，且有继续增

加的趋势,说明食品工业产值贡献超过劳动力贡献;而农业内部比较劳动生产率小于1,且有继续减小的趋势,说明与食品工业相比,农业产值贡献小于劳动力贡献。农业与食品工业之和比较劳动生产率接近1,说明若把食品工业和农业作为一个大农业整体,即食品工业作为农业产后的延续,则荷兰大农业比较和谐。

7.1.4 小结

三个发达国家农业发展历程具有一定的相似性,同时也存在差异性。从相似性来看,农业发展之初都是生存型农业,增加粮食产量是农业生产的首要目的,满足居民最基本的温饱需求是农业发展的重要任务;农业发展中期阶段,人均粮食占有量突破400公斤以上,居民吃饱问题基本解决,开始转向多样化消费,食品工业逐渐兴起并快速发展;农业发展后期阶段,农业全面机械化、农工商一体化迅速发展等。从差异性来看,由于不同国家的历史背景和社会经济环境不同,在农业阶段、发展速度和发展目标上又表现出不同的时代及差异化特征。

7.2 国际主要食物消费模式及特征

简单地说,居民食物消费结构就是各类主要食物的消费数量和比例,不同食物消费结构会导致不同营养素供应的充足程度和比例,也决定居民的身体素质,甚至预示着容易患某种病的几率。比如吃大量红肉、油、精米、精面的国家,其居民患心血管等非传染性疾病的概率就会比较高。反之,若一个国家居民粮食消费很多,但蔬菜、鱼肉、蛋奶、豆制品等都很少,其肥胖病、心脏病等发生率会相对较少,但贫血、缺锌、幼儿生长迟缓率会比较高等。从美国20世纪食物消费结构的变化来看,由于其特殊的自然环境气候条件和丰富的农业资源基础,使得其畜牧业比较发达,居民大量消费各种畜产品,特别是红肉和奶类,导致心脑血管病的高发。目前,很多美国居民,甚至欧洲居民不断反思其消费结构的不合理性,逐渐树立多吃杂粮蔬菜的健康饮食理念，甚至有些居民为避免心脑血管疾病，变成纯素食主义者。

总的来看，世界上食物消费模式主要有三种，即以美国等为代表的"动物性食物消费为主"模式、以印度尼西亚为代表的"植物性食物消费为主"模式和以日本代表的"动植物并重消费"模式。分析不同食物消费模式形成的特殊历史背景及对居民营养和健康带来的不同效果，对于准确研判我国居民的农产品消费结构未来发展趋势，制定合理的政策干预具有重要的理论价值和现实意义。

7.2.1　以美国为代表的"动物性食物消费为主"模式

1. "动物性食物消费为主"模式形成的自然环境和社会因素

欧美国家是典型的"动物性食物消费为主"的国家，这跟其特殊的自然环境条件和经济社会息息相关。欧美国家属于温带海洋性气候，全年温凉湿润，有利于牧草生长。大面积的牧草为畜牧产业发展提供了良好的机遇，也为当地居民提供了丰富的动物性产品。此外，欧美等资本主义的发展和长期对外殖民，使得他们有条件从殖民地国家获得大量耐存储的农作物产品，从而满足本国居民对植物性产品的需求。长此以往，该地区逐渐形成了草地面积不断扩大，种植业用耕地面积不断压缩的畜牧业为主的农业产业结构，为当地居民形成"动物性食物"消费模式奠定了强有力的物质基础。

2. "动物性食物消费为主"模式的主要特点

"动物性食物消费为主"的模式是指居民食物消费以动物性食物为主，植物性食物消费为辅，甚至动物性食物消费过多，而植物性食物消费过少，导致膳食营养结构出现"高热量、高脂肪、高蛋白"的总体特征。以美国为例，2005 年，居民人均日能量摄入高达 3 833 千卡，蛋白质摄入量达 115.3 克，脂肪摄入达 165 克。而同期中国大陆分别为 2 877 千卡、86.9 克和 81.2 克。从能量来源来看，2005 年，美国居民摄入的能量、蛋白质和脂类来源于动物性食物分别占 27.5%，65% 和 44%。这种膳食模式的优点有，动物蛋白摄入充足，居民较少会发生优质蛋白缺乏等症状，一些脂溶性维生素如维生素 A 和维生素 B 等摄入量比较充足。但这种膳食模式同样存在明显的缺点，如脂类摄入较多，热量供应相对过剩，高热量、高脂肪和高蛋白的摄入量超过推荐水平，增加了肥胖、糖尿病、心脑血管疾病等非传染性慢性病的发生几率。

3. "动物性食物消费为主"模式的发展历程及经验

随着经济发展水平的提高和居民对膳食营养认识的逐步深入，动物性食物为主的消费模式也在发生不断调整和变化。就能量摄入来看，1961年美国居民人均日摄入热量为2 880千卡，到2005年增加到3 883千卡，增长了近35%，这45年间有30多年人均能量摄入处于增长趋势。但2005年以来，美国居民人均能量摄入处于逐渐降低的水平，2011年降低到3 639千卡（见图7-24），比2005年降低了194千卡。蛋白质和脂类摄入存在相同的趋势（见图7-25、图7-26）。说明进入21世纪以来，美国居民的热量、蛋白和脂类摄入水平处于整体下降趋势。

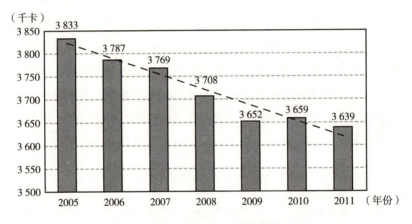

图7-24　美国居民人均日能量摄入水平

资料来源：www.fao.org.

7.2.2　以印度尼西亚为代表的"植物性食物消费为主"模式

1. "植物性食物消费为主"模式形成的自然环境和社会因素

以印度尼西亚为代表的东南亚和亚洲等许多国家，其居民食物消费以"植物性食物消费为主"。从自然环境来看，这些区域长期处于雨热同季的

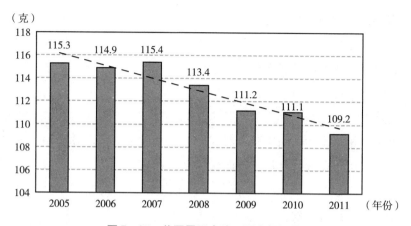

图 7 - 25　美国居民人均日蛋白摄入量

资料来源：www. fao. org.

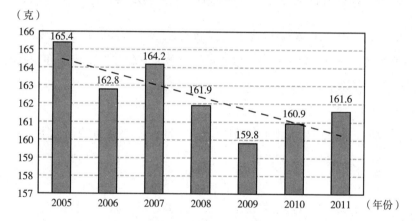

图 7 - 26　美国居民人均日脂类摄入量

资料来源：www. fao. org.

季风气候区，有利于种植业的生产和发展，而漫长的冬季和旱季不适合牧草生产和畜牧业的发展。加之，人口密度较大，耕地资源有限，植物性食物转化成动物性食物需要更多的资源。此外，许多地区处于长期的封建社会和被资本主义殖民状态，经济发展相对落后，没有足够的实力从国外进口植物性或动物性食物。经过长期的适应和演进，这些地区的居民就形成了以植物性食物消费为主的膳食模式。

2. "植物性食物消费为主"模式的主要特点

植物性食物消费为主的模式是指居民膳食消费构成中，植物性食物占绝大多数比重，而动物性食物消费数量较少。如1961年，印度尼西亚居民人均日摄入能量只有1 824千卡，2011年达到2 536千卡。所有热量来源中，植物性食物提供的能量平均高达96%，动物性食物提供的能量只有约4%。人均日摄入的蛋白来源中，植物性蛋白平均约81%，动物性优质蛋白只有约19%。植物性食物消费为主的模式优点有：能量主要来源于以谷物为主的碳水化合物，能避免一些因肥胖、超重等造成的非传染性慢性疾病发生，但由于植物性食物提供的优质蛋白和脂肪较少，易导致一些矿物质和维生素的缺乏，甚至"贫血"、"蛋白质缺乏"等营养不良的相关疾病，不利于居民身心健康发展。

3. "植物性食物消费为主"模式的发展历程及经验

随着经济社会快速发展和居民收入水平的逐渐提高，20世纪60年代以来，植物性食物消费为主的模式也在发生显著的变化，突出表现在动物性食物的消费明显增加，人均热量、蛋白质和脂类摄入量显著提高。以印度尼西亚为例，1961年人均每日摄入的能量、蛋白质和脂肪分别为1 824千卡、35.2克、27.1克，2011年增加到2 713千卡、71.1克和45.5克（见图7-27~图7-29），分别增长了48.7%、102%和67.9%。其中动物性食物的消费水平不断提升，动物性食物所提供的能量、蛋白质和脂类在总体中所占的比重也得到显著提高。从其经济发展水平来看，2003年，印度尼西亚的人均GDP

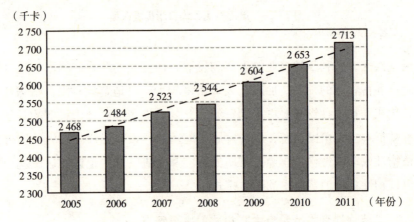

（千卡）

图 7-27　印度尼西亚人均日能量摄入水平

资料来源：www.fao.org.

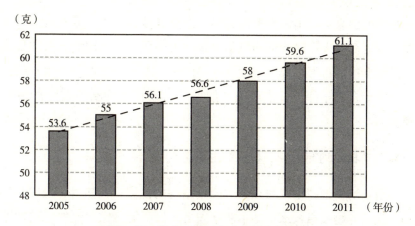

图7-28 印度尼西亚人均日蛋白摄入量

资料来源：www. fao. org.

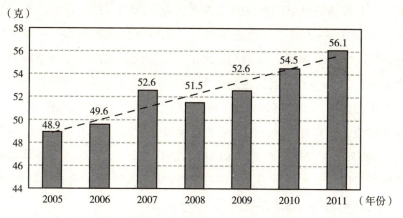

图7-29 印度尼西亚人均日脂类摄入量

资料来源：www. fao. org.

只有810美元，2010年提高到约3 500美元，约为中国同期水平5 400美元的65%。其较低的经济和生活水平，决定了其蛋白质、脂肪等较低的营养摄入水平。可初步预测，随着经济水平的进一步提高，其植物性食物消费模式会逐步发生变化，动物性食物消费水平和比重会得到进一步提升。

7.2.3 以日本为代表的"动植物均衡消费"模式

1. "动植物均衡消费"模式形成的自然环境和社会因素

动植物均衡消费模式比较典型的国家代表是日本和瑞典。作为世界上食鱼最多的国家，日本四面临海，渔业发展条件好，水产品产量大，种类丰富，其近海的太平洋北部渔场是世界三大渔场之一。因此，水产品是日本居民膳食中的重要组成部分。此外，由于日本具有较好的种植水稻、小麦、玉米等自然条件，日本居民长期养成"动植物均衡消费"的传统和习惯。

2. "动植物均衡消费"模式的主要特点

动植物均衡消费模式集东西方膳食结构的优点，其热量、蛋白质、脂肪和其他营养物质摄入水平基本能够满足人体所需，比单纯的"动物性食物消费为主"和"植物性食物消费为主"模式更加合理均衡，符合人体所需的三大营养物质供能比重范围（碳水化合物 55%~75%，蛋白质 11%~15%，脂肪 10%~30%）和优质蛋白（动物性等优质蛋白 40%~50%）来源的标准。以日本为例，20 世纪以来，日本居民能量摄入食物来源中，动物性食物占 20% 左右；动物性蛋白在蛋白摄入中占约 50%，且动物蛋白又以鱼类蛋白为主，鱼类特别是深海鱼的蛋白以多不饱和脂肪酸为主，对人类身体健康非常有好处，还能够避免过量摄入脂肪，2011 年日本居民脂肪摄入量为 87.3 克，是同期美国居民摄入量的约 1/2。日本人是心脑血管发病率的低发国家，也是世界上人均寿命最长的国家，平均寿命达到 80 岁以上。这与其动植物均衡的膳食模式不无关系。

3. "动植物均衡消费"模式的发展历程及经验

第二次世界大战以后的 30~40 年间，日本经济得到高速发展，人民生活水平显著提高，食物供给不断丰富多样。日本政府也非常注重居民食物消费结构的调整，进行了科学合理的膳食引导，使得日本食物资源得到充分利用的同时，大大改善并优化了居民膳食和营养结构。1961 年日本居民人均热量摄入量达到 2 525 千卡，1989 年突破 2 969 千卡，之后一直到 2011 年，人均每日热量摄入水平维持在 2 800 千卡左右，其中动物性食物能量贡献维持在 20% 左右；从人均蛋白摄入来看，1961 年人均蛋白/日摄入量为 75.2 克，1989 年达到 98.8 克，之后有所降低，21 世纪以来，稳定在 90 克左右，其中动物蛋白所占比重从 1961 年的 33% 上升到 20 世纪末的近60%, 21世纪以来,维持在55%左右。从人均脂肪日摄入水平来看,1961年只有34.2克,2005年突破90克,但之后略有下降,近期维持在85~87克的水平。说明以日本为代表的动植物均衡的消费模式,其能量、蛋白质和脂肪摄入尽管有所波动,但总体来看,变动幅度不大,处于相对稳定状态(见图7-30~图7-32)。

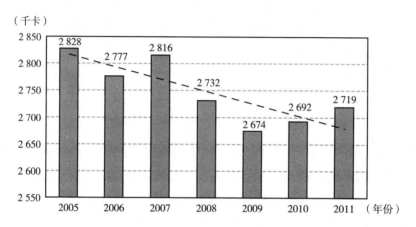

图7-30 日本居民人均日能量摄入水平

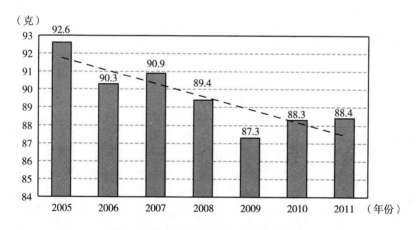

图7-31 日本居民人均日蛋白摄入量

7.2.4 小结

任何一种食物消费模式的形成都与其特殊的历史背景、自然环境、社会因素及经济发展水平密切相关,同时,不同食物消费模式下居民营养水

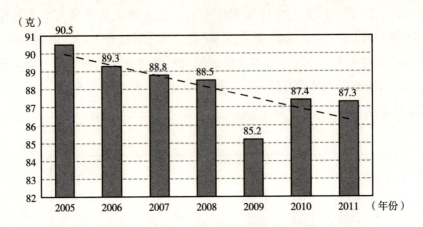

图 7－32　日本居民人均日脂类摄入量

平和健康状况有所不同。但总体来看，21 世纪以来，三种食物消费模式的三大营养素摄入量具有内在的回归效应，即居民摄入的能量、蛋白、脂类都在朝着一个相对科学合理的范围靠拢。

第 *8* 章

未来我国农业及食物发展的战略选择

8.1 完善支持政策，构建食物安全长效机制

8.1.1 构建国家食物安全战略新思路

一是制定区别化的食物自给率水平。中国人口众多，淡水和耕地资源紧张，过低的食物自给率将对国家粮食安全造成严重威胁，甚至影响社会稳定，但自给率过高，势必造成对边际土地的过度开发，进而引发严重的生态环境问题。日本在确保国家食物安全方面的经验值得我国借鉴。日本人均资源短缺，食物自给率总体不高，但重点突出，取舍分明。2013年按照热量计算的日本食物自给率只有37%，但食用大米自给率达到100%，蛋类自给率超过95%，马铃薯、蔬菜和菌类自给率为80%左右。大米是居民热量的重要来源，蛋类是蛋白质的重要来源，马铃薯、蔬菜和菌类是维生素和多种营养素等的重要来源，加上日本居民消费鱼类较多，可以说日本食物自给率总体水平尽管不高，但有所侧重，且从营养角度来看，比较全面均衡。我国居民食物消费中，口粮和猪肉是重中之重。从营养全面均衡的角度来看，口粮、猪肉分别是热量、蛋白的重要来源，再加上维生素、矿物质等食物来源，应在总体上构建区别化的食物自给率水平，如口粮自给率98%以上，猪肉、鸡蛋为主的蛋白来源食物自给率95%以上，马铃薯、蔬菜、水果等食物自给率90%以上。在确保这些食物自给水平的基

础上，其他食物可以根据市场进行自主调节。

二是从"粮食安全"理念逐步向"谷物安全"、"食物安全"、"饲料安全"理念转变。与"粮食安全"概念相比，"谷物安全"更能与国际接轨，更能突出重点，以切实保障我国的稻谷、小麦等口粮供给能力；"食物安全"是全产业链安全，不仅仅是生产环节，还包括加工、储存、销售等附加值环节，关乎"三农"利益，也关乎消费者健康和民族形象；此外，随着居民对畜禽养殖产品的需求快速增长，"饲料安全"更能真实反映目前及未来相当长一段时间内，我国食物供需失衡的症结所在。

三是提高大农业比较劳动生产率，促使城乡之间、产业之间和谐发展。正如工业包括钢铁、冶金和汽车等产前、产中和产后一样，《农业法》中的农业概念，也包括农业产前、产后等环节。因此，农业作为国民经济三大支柱产业之一，也应该以"大农业"的发展思路，注重其产前和产后融合发展。就目前中国现状来看，产中农业在增加农民收入方面空间受限，需大力加快农业产前和产后发展，提高附加值，提高大农业比较劳动生产率并使之接近于1，尽快实现城乡之间、产业之间的融合发展。

8.1.2 完善补贴政策，发挥补贴效用

政府对食物生产的持续、高效补贴，是提高粮食综合生产能力、确保国家食物安全的关键所在。早在 20 世纪 60 年代初，我国就提出"粮食是基础的基础"的重要论断；改革开放后，党中央国务院制定了一系列支持政策，确保粮食生产。进入 21 世纪以来，继续强化实施强农惠农政策，如包括粮食直补、良种补贴、农业生产资料价格补贴、农机具购置补贴等在内的"四补贴"，以及粮食临时收储补贴、最低收购价补贴等，为 2004 年以来我国粮食实现"十二连增"发挥了关键性作用。然而，应该看到，新的时期我国粮食补贴效应出现递减趋势，需要新的补贴政策与之相适应，特别是除了针对粮食供给和粮食数量方面的补贴政策外，还应该提高补贴效率，同时增加和强化在食物质量安全、绿色生产等方面的支持引导政策。

一是创新补贴方式，提高补贴资金的使用效率。充分发挥市场导向作

用，坚持市场定价原则，以新疆棉花、内蒙古及东北大豆目标价格补贴试点为契机，实现临时收储、最低收购价等价格支持政策，逐步向目标价格制度转变。启动重要农产品目标价格补贴改革，发挥市场资源配置作用，确保补贴方法、规模和结构符合 WTO《农业协定》的相关要求。同时完善"四补贴"政策补贴方式，加快实现按照实际种粮面积发放补贴的做法，提高补贴资金的使用效率和效果。

二是加快启动对农产品质量及绿色化生产的补贴激励。针对食物安全包括数量安全和质量安全的双重属性，以及农业生产安全、可持续发展的需要，建议增设专项补贴，针对高营养、低农残、节水高效等有利于粮食质量安全、绿色化生产的食物生产行为，进行倾向性补贴。充分发挥政策补贴激励的指挥棒，引导农业生产经营者，特别是目前兴起的种粮大户、家庭农场、专业合作社等新型经营主体，对国家有限资源的合理营运和保护。以此从源头上保障我国粮食数量和质量安全，提高食物国内外市场竞争力，促进粮食产业的可持续发展。

8.1.3 以营养敏感型农业为契机，树立食物发展新理念

2014 年 11 月 19~21 日，由联合国粮农组织（FAO）和世界卫生组织（WHO）联合举办的"第二届国际营养大会"在意大利罗马联合国粮农组织总部召开，本次大会是继 1992 年以来召开的第二次世界性营养大会，会议主题是"改善营养、促进健康"。本次会议通过的两个成果文件，分别是《营养问题罗马宣言》和《战略行动框架》，宣布将 2016~2025 年的十年时间确定为全球"营养行动十年"，推广"营养敏感型农业"。营养敏感型农业，是指让农业发展能够最大限度地为营养改善和促进服务，包括三个核心理念，在提高食物生产力的同时兼顾扩大优质食物生产，通过农业结构调整促进食物多样化，利用生物强化手段提高食物自身营养价值。营养敏感型农业是让农业最大限度地为营养服务的重要途径，中国有关部门应加大对营养敏感型农业的研究与开发投入，以营养需求为导向，推动营养性粮食新品种选育、营养育种和栽培措施，提升高营养性食物生产份额，通过加快营养敏感型农业发展，促进居民膳食营养结构的调整和改善。

8.2 优化生产结构，确保国家食物数量和结构安全

8.2.1 确保口粮绝对安全，同时兼顾其他食物需求

口粮始终是关系国计民生的最重要战略物资，应严格按照"谷物基本自给、口粮绝对安全"的粮食安全战略要求，有效利用现有耕地资源，确保口粮的数量和质量安全。从品种来看，建议在保证口粮的基础上，加快支持发展营养价值高、适口性好的优质口粮品种。充分利用全国各类耕地资源，增加谷子、绿豆、荞麦、糜子、莜麦等粮食种植，满足居民对优质化、多样化的食物追求。建议逐渐实施人畜分粮战略，发展单产较高的专用饲料作物，如优质牧草等，在满足居民畜产品消费的同时，避免因口粮作为饲料造成的资源浪费、不经济或无效率。蔬菜、水果在不与主粮争水抢地前提下，依靠单产提高和品质提升，满足居民营养消费需求。

8.2.2 以草牧业为发展重点，调整畜产品品种结构

2004 年以来，我国畜产品产量增长速度很快，肉类总产量从 2004 年的 6 608.7 万吨增加到 2013 年的 8 535.0 万吨，增幅达 29.1%。各类畜产品产量中，脂肪含量高的耗粮型猪肉增长最快，从 2004 年的 4 341.0 万吨增长到 2013 年的 5 493.0 万吨，增长了 26.5%。畜产品的快速增长给消费者提供了丰富的动物性食品，但同时也带来了较多负面影响，如肥胖、超重等。从蛋白、脂肪含量来看，猪肉、禽肉和鱼肉的脂肪含量分别为 37%、19.3% 和 5% 以下，而蛋白含量分别约为 13.2%、19.3% 和 17.1%。从营养健康角度考虑，应逐步转变居民以猪肉消费为主的畜产品消费习惯，增加草食畜牧业如羊、牛、兔等的消费。从单位肉类所需要的饲料粮来看，每公斤猪肉、禽肉、鱼肉所需的饲料分别为 4.0～4.5 公斤、2.5 公斤和 2.0 公斤，且鱼肉脂肪多为不饱和脂肪酸，有益于居民身体健康。此外，草食畜牧业能够充分利用国内大面积的草地、坡地、闲田地以及大量

的农作物秸秆等各种宝贵资源，减少与口粮争水抢地，提高资源利用效率。因此，建议加快发展草食畜牧及渔业发展，逐步增加草食畜产品如羊、牛、兔、鱼等的消费，优化居民食物与营养消费结构。

8.3.3 稳定蔬菜、水果种植面积，优化区域布局

从我国蔬菜、水果未来的消费预测来看，"十三五"期间，我国蔬菜、水果供给量基本能够满足国内需求，重点是提高单产和品质，优化区域布局。具体包括，进一步调整和优化蔬菜种植优势区域内的主栽品种结构和产品上市期，发挥优势产区蔬菜生产的比较优势，提高集中度，重点生产那些相对耐储运的品种，同时鼓励大中城市周边速生菜的种植，提高对城市蔬菜的供应保障能力；在水果生产方面，通过政府主导和科学规划，进一步提高水果优势产区集中度，压缩调减非优势区生产，淘汰非适宜性品种，包括压缩大宗品种和中熟品种，扩大特早、早熟或晚熟水果品种和加工专用优质品种种植。

8.3 根据区位优势，制定区域食物发展战略

8.3.1 建立全国区域性食物发展战略

从全国食物营养发展的全局出发，根据总体食物品种结构调整的目标，建立全国统一的区域性食物发展战略。该战略应按照区域比较优势理论，依照不同区域的特征和差异，充分挖掘不同地区或区域食物增长的潜力，做到既充分利用各区域的自然优势，又能让各区域之间相互合作，实现互利互补，合作共赢。总体看，中部和东北粮食主产区应该在确保粮食产量的同时，适当放缓谷物增长速度，缓解水资源紧缺压力，以农业深度开发为主，着力提高农产品附加值，形成全国农产品优势区；华北地下水超采区应该适当调减耗水较大的小麦种植面积，调整种植结构，选育耐寒节水作物进行替代种植；西北干旱和半干旱地区，重点培育和推广节水作

物如马铃薯、牧草等，并推广膜下滴管等水肥一体化措施。东部和南方地区，建议实施恢复性增长战略，充分发挥有利的光、温、水、土资源，确保耕地面积，提高单产和区域粮食自给水平，积极发展外向型出口创汇农业，形成全国现代农业示范引领区；在农牧交错区，通过粮草轮作、坡耕地退耕还草等方式，鼓励草牧业发展；西部地区在生态环境保护的基础上，稳定玉米和水稻种植面积，积极发展园艺作物、生态草地畜牧业等，形成全国生态农业示范重点区。此外，对于目前面积广大的南方冬闲田或闲地，也应该从资源有效利用和可持续发展的角度，积极探索可操作性的利用方案。

8.3.2 设立"省食物自给红线"

国家食物安全是全国各地区、各民族的共同责任，不应该让某些粮食主产省或部分畜牧养殖大省单独承担，非食物主产区也应该肩负起一定的粮食安全重任，特别是光、温、水、土、热等自然资源条件较好的地区，应该全盘统筹考虑，争取在保持经济快速发展的同时，承担一定的保障本区域食物供应的责任。为此，可综合研究人口、自然资源、经济发展水平等多种因素，构建各区域食物自给红线，并以此作为考核当地经济、社会发展的重要指标之一。此"红线"设立的目的是加强各省有效利用当地资源，减缓食物主产区环境承载压力，同时减少大规模、长距离食物运输造成的资源浪费。

8.4 发挥食品工业双重效用，撬动农业农村发展新动力

8.4.1 提高农产品转化增值，促进农民增收

食品工业是人类的生命工程，从国际经验来看，其市场空间广阔，是国民经济的重要支柱产业和新的经济增长点。目前中国精深加工用粮不到粮食总产量的 8%，而发达国家在 70% 以上；中国农产品加工程度为

45%，而发达国家在80%以上，以市场为导向的农产品精深加工大有可为；此外，农业供给侧结构性改革背景下，提高农产品转化增值是调整农业产业结构、延长产业链条、拓宽农民增收渠道的重要途径。因此，以食品工业为切入点，大力发展农产品精深加工，带动周边养殖业、种植业及相关产业发展，实现农产品多环节、多层次转化增值，提高农业综合效益，可作为今后一段时期，加快一、二、三次产业融合、增加农民收入的重要战略选择。

8.4.2　加快以营养健康为目标的食品加工业发展，发挥营养保持效用

食品加工业能够延伸食物产业链条，延长食物食用期限，同时还能改善和保持食物营养品质，提高居民营养健康水平。食品农业阶段里，中国城乡居民温饱问题已经基本解决，对食物的需求正在向营养、多样、便捷、安全转变。为此，建议加快粗杂粮、混杂粮发展，适当放慢精深加工速度，减少过度精加工造成的营养素严重损失和浪费；增加对马铃薯、木薯等薯类的加工；加快大豆蛋白制品及乳制品发展；加快果汁、蔬菜汁等营养饮料发展，促进葡萄酒、果酒及低度白酒的发展，适当限制高度白酒生产。同时加大对小麦、稻谷、玉米等初加工副产物（皮、渣、糠等）的综合利用开发，提高资源利用效率。此外，加快研发食品加工过程中的营养保持技术，减少食物加工过程中营养素破坏或流失，提高居民营养摄入和营养健康水平。

8.5 转变农业发展方式，走新型农业产业化之路

8.5.1　稳步推进农业规模化

农业产业规模化，离不开从事农业规模化的主体、社会化服务体系和有效的土地流转激励机制等。在农业生产规模化的主体方面，建议大力培

育专业的种养大户、家庭农场、多类型的农业合作组织、产业化龙头企业等。充分发挥新型经营主体在集聚土地、劳动力、资金等生产资料和资源配置方面的关键作用，优化农业、农村资源的有效配置；从社会化服务体系来看，建议围绕农业产前、产后社会化服务体系，农业科技服务体系、农村金融服务体系以及农业品牌服务体系，加快建设力度；从土地流转激励机制来看，建议持续推进农村土地确权登记制度，加快有条件的地区建立土地流转信息互动平台，提高土地流转的规范性，激励生产经营者规模化生产，加大规模化投入等。

8.5.2　因地制宜推进农业机械化

农业机械化水平是我国农业先进生产力的代表。伴随着我国工业化和城镇化快速发展，农村劳动力逐渐向第二产业、第三产业大量转移，这种时代背景下，机械化将是提高农业综合生产能力的重要途径之一。建议大力发展促进农业基础建设的农田建设机械化装备，重点提升路、田、水、土、电、林整治水平，为新增千亿斤粮食生产能力提供机械化技术支持；加大不同作物生产的全程机械化研制力度，提升农作物生产水平。此外，对于粮棉油等大宗作物，积极探索全程机械化作业模式的试验和示范，加快普及已经在生产中应用、比较成熟的全程机械化生产技术；同时结合目前我国粮经饲统筹发展思路，大力推进饲草料作物机械化生产，加快实现"三元种植结构"的全程机械化。

8.5.3　加快农业信息化建设步伐

近年来，随着我国信息化和农业现代化融合发展进程的加快，农业信息技术在农业领域应用日渐深入，信息化基础设施快速向农村延伸，农业信息服务体系也不断完善。但总体来看，我国农业信息化产业发展水平不高，农业信息化技术储备不足，高端技术产品依靠进口，受农业生产规模小、标准化生产难度大、组织经营化程度低等影响，信息化需求动力不足，许多农业信息化技术仍处于研究示范阶段，切实需要加快农业信息化建设步伐，以满足农业生产机械化、组织化日益提高的农业发展需求。具体来看，迫切需要大力提高水稻、小麦、玉米等大宗农作物，以及设施园艺和畜禽水产生产环节的全程信息化水平；促进农业物联网、精准技术装备等在农业产前、产中、产后各环节的应用；加快农产品电子商务发展，提高农产品质量和效益等，加快那些能够有效提高水、肥、药利用效率和降低机械化作业损失率的农业信息技术研发和应用，以促进节能降耗和提高资源有效利用。

8.6 加强营养宣传，引导合理消费

8.6.1 加快国内大豆产业发展

大豆营养价值高且全面，其蛋白质属优质蛋白，是天然食物中蛋白质最高的农作物，也是我国居民膳食中优质蛋白质的重要来源；大豆蛋白与其他畜产品蛋白相比，生产成本低，只相当于生产猪肉蛋白成本的2.9%~5.3%。《中国居民膳食指南》建议人均消费大豆类及坚果30~50克，按照人均大豆消费30克，2020年人口达到14.15亿计，届时每年消费的豆制品达到1 579.4万吨，然而，我国2013年国内大豆产量只有1 195.1万吨，国产大豆还不能满足居民食物营养消费需要。从大豆生产布局来看，东北和内蒙古东部属高油大豆主产区，黄淮海平原和长江流域是高蛋白大豆主产区，近几年，受大豆种植比较效益低的影响，高蛋白大豆播种面积不断减少。为此，建议未来应该以满足居民膳食营养结构需求为出发点，大力发展优质蛋白大豆，并形成一定规模的产业带，同时加快大豆精深加工技术的研发，不断开发出营养价值高、附加值高、比较效益高的营养功能型产品。

8.6.2 引导居民适当增加全谷物类食物消费

据不完全统计，面粉加工中，全麦粉出品率可以接近100%，而标准

粉、特二粉、特一粉出粉率分别为82%～85%、75%、60%左右，特精粉的出品率不足20%。这些被加工掉的小麦外壳富含营养物质，特别是B族维生素和膳食纤维，是居民营养膳食的重要组成部分。此外，我国农村地区居民对杂粮、薯类消费急剧下降，导致膳食中有益健康的因素如膳食纤维、B族维生素、维生素C以及微量元素的摄入量减少。因此，建议居民适当增加全谷物类食物消费，减少加工环节食物损耗，同时增加有益营养成分的摄入水平。

8.6.3 强化均衡膳食、营养消费的宣传和普及

从宣传内容来看，建议围绕营养科学界推荐的《中国居民膳食指南》和《中国食物与营养发展纲要（2014～2020年)》，大力宣传健康饮食理念，即健康的饮食不是肉类摄入越多越好，而应该是一种均衡合理的膳食摄入。从宣传对象上来看，可以重点选择学生和老年群体。学生是比较容易"习惯成自然"的群体，易产生"趋同效应"和"示范效应"，也是未来消费的主力军，可以设置食物营养健康的常规性课程；老年群体在家庭食物消费中扮演着重要角色，能够影响全家及下一代人的消费方式和习惯。从宣传渠道或平台来看，可以通过电视、网络、微信、报纸、书刊等方式，普及营养知识，目的是让居民意识到均衡膳食的重要性，从而以科学的膳食知识和理念正确引导日常膳食消费。消费者的均衡膳食消费，必将有效促进居民营养健康、资源有效利用和农业可持续发展的协调统一。

参 考 文 献

［1］巴志鹏：《建国后我国工农产品价格剪刀差分析》，2005 年第
4 期。

［2］蔡昉、都阳：《迁移的双重动因及其政策含义：检验相对贫困假
说》，载《中国人口科学》2002 年第 4 期。

［3］蔡昉、都阳：《经济转型过程中的劳动力流动——长期性、效应
和政策》，载《学术研究》2004 年第 6 期。

［4］曾玉珍、周蕴文：《近四年中央一号文件比较研究》，载《农业经
济》2007 年第 10 期。

［5］陈德敏：《循环农业——中国未来农业的发展模式》，载《经济
师》2002 年第 11 期。

［6］陈吉元、陈家骥：《中国农村社会经济变迁》，山西经济出版社
1993 年版。

［7］陈卫：《中国未来人口发展趋势：2005～2050 年》，载《人口研
究》2006 年第 4 期。

［8］陈锡文：《中央一号文件的回归》，载《瞭望》2004 年第 2 期。

［9］陈耀庭、肖德冈：《战后资本主义农业现代化简论》，广西人民出
版社 1982 年版。

［10］陈云：《关于发展国民经济的第一个五年计划的报告——节选》，
载《党的文献》1995 年第 3 期。

［11］陈云：《文选（一九四九～一九五六年）》，人民出版社 1995
年版。

［12］《当代中国的农业》，当代中国出版社 1992 年版。

［13］《邓小平文选（第三卷）》，人民出版社 1983 年版。

[14] 邓一鸣：《粮食流通：市场主题运行与国家宏观调控》，经济管理出版社 1993 年版。

[15] 邓一鸣：《试论农业就业份额下降规律》，载《农业经济问题》1988 年第 9 期。

[16] 杜鹰、白南生：《走出乡村——中国农村劳动力流动实证研究》，经济科学出版社 1997 年版。

[17] 段叶青：《试论新中国农业模式的历史演进和发展前景》，河南师范大学博士学位论文，1997 年。

[18] 法共中共中央经济组：《马歇尔计划下的法国经济》，世界知识社出版 1951 年版。

[19] 方奇云、陆华新等：《我国农村税费改革对农民收入影响的实证分析》，载《中国农村经济》2005 年第 5 期。

[20] 冯海发、李桂娥：《试论农业份额下降规律》，载《农业经济问题》1989 年第 4 期。

[21] 复旦大学世界经济研究所法国经济研究室：《法国经济》，人民出版社 1985 年版。

[22] 高伯文：《中国社会主义现代化与市场化有机耦合的历史分析》，载《当代中国史研究》2002 年第 11 期。

[23] 葛剑雄：《中国人口：历史的启示》，载《中国社会科学季刊》，1994 年夏季卷。

[24] [日] 宫崎犀—奥村茂次、森田桐郎：《近代国际经济要览（16 世纪以来)》，中国财政经济出版社 1990 年版。

[25] 郭书田等：《中国工业化进程中的当代农业（1949 - 2009)》，金盾出版社 2009 年版。

[26] 速水佑次郎、弗农·拉担著，郭熙保等译：《农业发展的国际分析》，中国社会科学出版社 2006 年版。

[27] 郭燕枝、郭静利、王秀东：《试比较我国粮食自给率和谷物自给率》，载《农业经济》2008 年第 1 期。

[28]《国际统计年鉴》，中国统计出版社 1996～2007 年版。

[29] 国家统计局国民经济综合统计司：《新中国五十五年农业统计资

料》，中国统计出版社 2004 年版。

　　[30] 国家统计局农村社会经济调查总队：《新中国五十年农业统计资料》，中国统计出版社 2000 年版。

　　[31] 国外经济统计资料小组编：《国外经济统计资料 1949～1976》，中国财政经济出版社 1979 年版。

　　[32] 国务院研究室编：《调查与研究》，1978 年。

　　[33] 海关统计年鉴：《中华人民共和国海关总署》，2000～2005 年。

　　[34] 韩俊、姜长云：《中国农业传统农业发展模式分析》，载《经济问题》1995 年第 10 期。

　　[35] 韩俊：《我国农户兼业问题探析》，载《经济研究》，1988 年第 4 期。

　　[36] 何军、洪秋妹：《个人、家庭与制度：苏北农民外出务工的影响因素》，载《农业经济》2007 年第 10 期。

　　[37] 何忠伟、蒋和平等：《我国现代农业建设的阶段定位及其发展战略》，载《北京电子科技学院学报》2004 年第 9 期。

　　[38] 洪银兴：《中国市场化改革渐进式路径的一种解释》，载《经济学家》2001 年第 1 期。

　　[39] 侯石安、赵和楠：《中国粮食安全与农业补贴政策的调整》，载《贵州社会科学》2016 年第 1 期。

　　[40] 胡国亨：《中国 21 世纪经济发展模式：生物科技＋食品工业＋农业》，载《发展研究》1995 年第 9 期。

　　[41] 胡健：《布哈林过渡时期经济思想对东欧现代经济学家的影响》，载《北京大学学报（哲学社会科学版）》1990 年第 6 期。

　　[42] 胡树芳：《国外农业现代化问题》，中国人民大学出版社 1983 年版。

　　[43] 黄青禾：《中国农业发展战略问题研究》，载《改革与战略》1994 年第 4 期。

　　[44] 黄四海：《基于 Logit 模型返乡农民工外出务工意愿及影响因素分析—以陕西地区为例》，载《广东农业科学》2011 年第 2 期。

　　[45] 蒋和平、辛岭等：《中国农业现代化发展阶段的评价》，载《科

技与经济》2006 年第 4 期。

[46] 蒋远营：《基于年龄移算法的人口预测》，载《统计与决策》2012 年第 13 期。

[47] 经济结构组办公室资料组、经济研究参考资料编辑部：《主要资本主义国家的经济结构》，中国社会科学出版社 1981 年版。

[48] 柯炳生：《中国粮食市场与政策》，中国农业出版社 1995 年版。

[49] 柯炳生：《中国农业经济与政策》，中国农业出版社 2005 年版。

[50] 蓝海涛、王为农：《传统粮食统计指标存在的几个问题》，载《研究报告》2007 年第 6 期。

[51] 李成贵：《试析农业发展的阶段特征及型态转变的内在规律》，载《农业考古》1995 年第 3 期。

[52] 李成贵：《中国农业政策——理论框架与应用分析》，中国农业科学院博士学位论文，1995 年。

[53] 李红玫、刘纳新：《我国农业不同发展阶段的主要特征及其相互关系》，载《湖南财经高等专科学校学报》2006 年第 1 期。

[54] 李培林：《中国进城农民工的经济社会分析》，社会科学文献出版社 2003 年版。

[55] 李实等：《中国收入差距扩大及其原因》，载《经济研究》1997 年第 9 期。

[56] 经济合作与发展组织编，李先德等译：《中国农业政策回顾与评价》，中国经济出版社 2005 年版。

[57] 李哲敏：《中国城乡居民食物消费及营养发展研究》，中国农业科学院博士论文，2007 年。

[58] 厉为民：《21 世纪初我国粮食安全的国际环境及进出口战略》，载《农业经济与科技发展研究》1998 年。

[59] 厉为民：《世界农业结构的变化》，载《世界经济年鉴》2002 年。

[60] 厉为民：《荷兰的农业奇迹》，中国农业科学技术出版社 2003 年版。

[61] ［法］L. 道欧、J. 鲍雅朴：《荷兰农业的勃兴》，厉为尼译，农业科学技术出版社 2003 年版。

［62］梁秀峰：《试论我国农业发展战略》，载《经济研究》1982 年第 7 期。

［63］瞭望新闻周刊记者：《"一号文件"注重农业基础》，载《瞭望》2008 年第 1 期。

［64］《列宁全集（30）卷》，人民出版社 1957 年版。

［65］林毅夫：《西方农业发展基本理论评述》，载《农业经济问题》1988 年第 11 期。

［66］刘斌等：《中国三农问题报告》，中国发展出版社 2004 年版。

［67］刘方健：《"以粮为纲"的思想渊源及其评判》，载《福建论坛》（人文社会科学版）2013 年第 1 期。

［68］刘国光：《中国十个五年计划研究报告》，人民出版社 2006 年版。

［69］《刘少奇论新中国经济建设》，中央文献出版社 1993 年版。

［70］刘旭：《加强农产品质量安全科技创新　促进现代农业发展》，农产品质量安全与现代农业发展专家论坛论文集，2011 年。

［71］刘旭、王济民、王秀东、宋莉莉、闫琰：《粮食作物产业的可持续发展战略研究》，载《中国工程科学》2016 年第 18 期。

［72］刘旭：《新时期我国粮食安全战略研究的思考》，载《中国农业科技导报》2013 年第 15 期。

［73］刘旭：《中国作物栽培历史的阶段划分和传统农业形成与发展》，载《中国农史》2012 年第 2 期。

［74］刘振邦、李成林：《主要资本主义的农业现代化》，农业出版社 1980 年版。

［75］刘振邦：《当代世界农业的几个重大问题》，载《世界经济年鉴》1990 年。

［76］刘振邦：《改革传统的农业观念，走以畜牧业为主的发展道路》，载《人民日报》1979 年 7 月 31 日。

［77］刘振邦：《粮食基础说质疑》，载《人民日报》1989 年 3 月 23 日。

［78］刘志澄：《农业发展新阶段的"三个创新"》，载《农业经济问题》2000 年第 7 期。

[79] 刘志澄：《农业形势与发展对策》，载《农业经济问题》2007 年第 5 期。

[80] 楼继伟：《关于效率、公平、公正相互关系的若干思考》，载《学习时报》2006 年 6 月 20 日。

[81] 卢良恕：《21 世纪我国农业和农村经济结构调整方向》，载《中国农业资源与区划》2002 年第 4 期。

[82] 卢良恕：《积极发展现代农业　确保粮食与食物安全》，载《中国食物与营养》2008 年第 1 期。

[83] 罗行风：《汉语大词典》，载《缩印本》汉语大词典出版社 1997 年版。

[84]《马克思恩格斯全集（第 25 卷）》，人民出版社 1974 年版。

[85]《马克思恩格斯全集（第 9 卷）》，人民出版社 1961 年版。

[86] 毛育刚：《中国农业演变之探索》，社会科学文献出版社 2001 年版。

[87]《毛泽东选集（第五卷）》，人民出版社 1977 年版。

[88]《毛泽东著作选读（下册）》，人民出版社 1964 年版。

[89] 毛中根、吴刚、杨列勋：《中国人口发展趋势、影响与对策研究成果综述》。

[90] Roger D. Norton 著，梅方权等译：《农业发展政策——概念与经验》，中国农业科学技术出版社 2002 年版。

[91] 梅士建：《论农业发展新阶段与发展加工农业》，载《经济体制改革》2001 年第 2 期。

[92] 农业部产业政策与法规司：《中国农村 50 年》，中原农民出版社 1999 年版。

[93] 农业部软科学委员会课题组：《中国农业发展新阶段》，中国农业出版社 2000 年版。

[94] 潘盛洲：《深化农村改革的四个重点》，载《瞭望》2003 年第 11 期。

[95] 潘盛洲：《逐步改变城乡二元结构》，载《人民日报》2003 年 11 月 15 日。

[96] 钱克明：《2004年中央"一号文件"执行效果分析》，载《农业经济问题》2005年第2期。

[97]《人口与计划生育》，载《日本人寿命世界第一》2012年第4期。

[98] 任继周等：《华夏农耕文化探源——兼论以粮为纲》，载《世界科技研究与发展》2003年第4期。

[99] 任强、侯大道：《人口预测的随机方法：基于Leslie矩阵和AR-MA模型》，载《人口研究》2011年第2期。

[100] 上海辞书出版社编辑：《词海（下册）》，上海辞书出版社1979年版。

[101] 石山：《我国农业的基本特点和发展战略》，载《农业现代化研究》1981年。

[102] 史清华、卓建伟、郑龙真：《农民外出就业及遭遇的实证分析》，载《中国农村经济》2004年第10期。

[103]《世界经济年鉴》，中国社会科学出版社1979~2006年版。

[104] 舒尔茨：《经济发展的长期政策》，载《经济研究》1998年第7期。

[105] 司智陟：《基于营养目标的我国肉类供需分析》，中国农业科学院博士学位论文，2012年。

[106]《斯大林全集（第11卷）》，人民出版社1955年版。

[107]《斯大林全集（第8卷）》，人民出版社1955年版。

[108] 孙鑫：《试论农业的基础作用规律》，载《兰州大学学报（社会科学版）》，1985年第3期。

[109] 孙鑫：《再论农业基础作用规律》，载《兰州大学学报（社会科学版）》，1993年第4期。

[110] 汤洁军、郭砚莉：《三农问题的制度经济学分析》，载《财贸研究》2004年第1期。

[111] 唐正平：《各国农业概况》，中国农业出版社2000年版。

[112] 童荣萍：《中国农业现代化必须走有中国特色的创新模式》，载《特区经济》2006年第5期。

[113] 万宝瑞：《深化对粮食安全问题的认识》，载《农业经济问题》2008 年第 9 期。

[114] 王国华：《日本水产品消费的变动与启示》，载《世界农业》2012 年第 2 期。

[115] 王树德：《精确农业——我国 21 世纪可持续农业发展的崭新模式》，载《经济师》2003 年第 5 期。

[116] 王同亿：《语言大典》，三环出版社 1990 年版。

[117] 王文信、徐云：《农民工就业影响因素分析—对安徽阜阳农村的调查》，载《农业经济问题》2008 年第 1 期。

[118] 王延章：《消费需求层次分析》，载《系统工程》1988 年第 9 期。

[119] 魏益民：《我国农产品加工业发展现状与趋势分析》，载《中国食物与营养》2006 年第 10 期。

[120] 吴敬琏：《共和国经济 50 年（电子版）》。

[121] 吴连翠、柳同音：《粮食补贴政策与农户非农就业行为研究》，载《中国人口·资源与环境》2012 年第 22 期。

[122] 武晋、徐晓鹏：《京郊农村劳动力外出就业动机的影响因素研究》，载《首都师范大学学报（社会科学版）》2011 年第 6 期。

[123] 武力、郑有贵：《解决"三农"问题之路——中国共产党"三农"思想政策史》，中国经济出版社 2004 年版。

[124] 夏振坤：《论农业发展的大战略——中国农业发展基本结构模式再探》，载《江汉论坛》1985 年第 2 期。

[125] 向晶、钟甫宁：《预测未来粮食需求应考虑人口结构变动》

[126] 项继权：《论我国农业发展的战略选择》，载《求索》1996 年第 3 期。

[127] 肖冬连：《加速农业集体化的一个重要原因——论优先发展重工业与农业的矛盾》，载《中共党史研究》1988 年第 4 期。

[128] 徐更生：《中国绝不会成为世界的负担——评莱斯特·布朗队中国粮食问题的预测》，载《国际经济评论》1997 年。

[129] 徐翔：《平均利用率规律和农业经济的宏观调控》，载《经济纵

横》1991年第9期。

［130］许汉新、李成贵：《试析农业发展的阶段特征及型态转变的内在规律》，载《农业考古》1995年第3期。

［131］旭日干、刘旭、王东阳、程广燕、郭燕枝：《国家食物安全可持续发展战略研究》，载《中国工程科学》2016年第18期。

［132］杨金凤：《人力资本对劳动力外出就业动机的影响——基于山西省的调查》，载《山西财经大学学报》2008年第10期。

［133］杨万江：《现代农业发展阶段及中国农业发展的国际比较》，载《中国农村经济》2001年第1期。

［134］杨毅：《新中国成立以来我国农村土地制度的变迁》，载《思想战线》1998年增刊。

［135］尤吉诺·海亚密和弗农·拉担：《农业发展：国际前景》，商务印刷馆1993年版。

［136］于俊年：《计量经济学软件—Eviews的使用》，对外经济贸易大学出版社2006年版。

［137］宇传华：《spss与统计分析》，电子工业出版社2007年版。

［138］张冬平：《中国农业结构变革与效率研究》，浙江大学博士学位论文，2001年。

［139］张改清：《粮食核心区外出务工农户营粮决策与效应——基于河南农户的实证》，载《华南农业大学学报（社会科学版）》2010年第1期。

［140］张坚、杜震宇：《水产品与人类健康新视角》，载《水产科学情报》2013年第40卷第4期。

［141］张建杰：《粮食主产区农户粮作经营行为及政策效应——基于河南省农户的调查》，载《中国农村经济》2008年第6期。

［142］张五常：《经济解释——张五常经济论文选》，商务印书馆2000年版。

［143］赵梦涵、马倩、许镇：《一个值得重视的宝贵经验——建国初期搞活农村市场的再评价》，载《石油大学学报（社会科学版）》2005年第6期。

[144] 赵耀辉:《中国农村劳动力流动及教育在其中的作用》,载《经济研究》1997年第2期。

[145] 赵芝俊:《开放条件下利用国际贸易促进我国粮食安全的必要性》,载《内部报告》2004年第12期。

[146] 郑有贵:《为什么中国经济体制改革从农村率先进行首获成功》,载《中共党史研究》1998年第5期。

[147] 中共中央文献研究室:《十五大以来重要文献选编(上)》,人民出版社2000年版。

[148]《中国经济体制改革年鉴》,中国财政经济出版社1989～2005年版。

[149] 中国科学院经济研究所世界经济研究室:《主要资本主义国家经济统计集(1848～1960)》,世界知识出版社1962年版。

[150]《中国农产品加工业年鉴》,中国农业出版社1979～2006年版。

[151] 中国农林科学院科技情报研究所:《美国农业问题参考资料》1977年第4期。

[152]《中国农业发展报告》,中国农业出版社1979～2007年版。

[153] 中国农业科学院:《当代世界农业》,四川科学技术出版社1991年版。

[154] 中国农业科学院科技情报研究所:《国外农业现代化概况(美,日,法,西德,荷,苏和匈七国)》,三联书店1979年版。

[155] 中国农业科学院科学情报资料室:《荷兰农业发展情况及其特点》,1963年第1期。

[156] 中国农业科学院科学情报资料室:《世界主要国家农业发展统计资料》,1962年第6期。

[157]《中国农业年鉴》(1980～2007年),中国农业出版社。

[158] 中国社会科学院世界经济与政治研究所综合统计研究室:《苏联和主要资本主义国家经济历史统计集(1800～1982年)》,人民出版社1989年版。

[159] 中国社科院、中央档案馆:《中华人民共和国经济档案资料选编(农村经济体制卷)(1949～1952)》,社会科学文献出版社1992年版。

［160］《中国统计年鉴》（1981～2007 年），中国统计出版社版。

［161］《周恩来选集（下卷）》，人民出版社 1984 年版。

［162］周华林、李雪松：《Tobit 模型估计方法与应用》，载《经济学动态》2012 年第 5 期。

［163］速水佑次郎等著，周应恒等译：《农业经济论》，中国农业出版社 2003 年版。

［164］朱杰：《人口迁移理论综述及研究进展》，载《江苏城市规划》2008 年第 7 期。

［165］邹华斌：《毛泽东与"以粮为纲"方针的提出及其作用》，载《党史研究与教学》2010 年第 6 期。

［166］Anderson, Kym and Yayami (1986), The Political Economy of Agricultural Protection: East Asia in International Perspective, Sydney·London·Boston: Allen & Unwin.

［167］Barnum, H. N. and Squire, L. : An Econometric Application of the Theory of the Farm Household, *Journal of Development Economics*, 1979, 6 (1): 79 – 102.

［168］Bogue D. J. Internal Migration. P Hauser, O D Duncan, eds. The Study of Population. Chicago: University of Chicago Press, 1959: 486 – 509.

［169］Bowlus, A. J. Sicular, T. Moving toward Markets? Labor Allocation in Rural China, *Journal of DevelopmentEconomics*, 2003, 71 (2): 561 – 563.

［170］Bruce F. Johnston and John W. Mellor, "The Role of Agriculture in Economic Development," Amer. Econ. Rev. 51.

［171］Bruce L. Gardner, American agriculture in the twentieth century: How it flourished and what it cost. Cambridge. Mass. Harvard University press. 2002.

［172］Celso Furtado, Economic Development in Latin America, 2nd Edn, cambridge University Press, Cambridge, UK, 1976, P. 259.

［173］D. Gale Johnson, "Agriculture and Wealth of Nations." AEA Papers and Proceedings, 1997 Garnaut, Ross, Fang Cai, and Yiping Huang (1996), "A Turning Point in China's Agricultural Development", Garnaut,

Guo, and Ma (eds.), The Third Revolution in the Chinese Countryside, Cambridge University Press.

[174] Derek W. Urwin, Western Europe since 1945: A short political history, London, New York: Longman, 1981.

[175] Fang, Cheng, Francis Tuan and Funing Zhong (2002), "How Might China Protect its Agricultural Sector?", in Gale, (ed.) China's Food and Agriculture; Issue for the 21st Century. The Economic Research Service of the United States Department of Agriculture; Washington, DC.

[176] Graeme M. Holmes, peter D. Fawcett, The contemporary French economy, London, Macmillan, 1983.

[177] Gugler J, Flanagan W. Urbanization and social change in West Africa [M]. Cambridge: Cambridge University Press, 1978.

[178] Guoqiang CHENG, 'China's Way towards Greater International Trade Integration—China's Agricultural Trade: Pattern and Policy', Paper for OECD Workshop on Agricultural Policies in China and OECD Countries, Paris, November 19~20, 1998.

[179] Harold Barger and Hans H. Landsberg, American agriculture: 1899~1939, a study of output, employment and productivity. New York: National bureau of economic research. 1942.

[180] Hart. John Fraser, The changing scale of American agriculture, Charlottesville: University of Virginia press. 2003.

[181] http://finance. sina. com. cn, 新中国的农业成就和农村改革 2004 年 8 月 19 日。

[182] http://news. xinhuanet. com.

[183] http://statline. cbs. nl/StatWeb/start. aspLA = en&DM = SLEN&lp = Search/Search.

[184] http://www. bea. gov.

[185] http://www. cbs. nl/en-GB/menu/themas/macro-economie-financiele-instellingen/nationale-rekeningen/publicaties/artikelen/archief/2005/time-series-national-accounts-before-revision-2001. htm.

［186］ http：//www. chinainfo. gov. cn/data/2004 中国科技成果，2003. 20，荷兰的现代农业（一）。

［187］ http：//www. insee. fr.

［188］ http：www. cast. net. cnWorldAgriWorldAgriList. asppage = 15. 法国农业发展的经验教训。

［189］ John W. Mellor, The Economics of Agricultural Development, Counell University Press, 1966.

［190］ Lin, Justin Yifu （1991）, "The Household Responsibility System Reform and the Adoption of Hybrid Rice in China", Economic Development and Cultural Change, Vol. 36, No. 1.

［191］ Mincer. J, Family Migration Decisions. Journal of Political Economy, 1986, 5: 749.

［192］ Oded Stark, The Migration of Labor. Cambridge, Basil Blackwell, 1991.

［193］ Voorburg/Heerlen Tweehondere jaar statistiek in tijdreeksen 1800 – 1999, Centraal Bureau voor de Statistiek, 2001.

［194］ Willard W. cochrance, the development of American agriculture: A history analysis. Minneapoils: University of Minnesota Press, 1979.

［195］ www. fao. org.

［196］ Zhao Yao—hui. Labor migration and earnings differences. The Case of Rural China, 1999.

图书在版编目（CIP）数据

中国农业阶段模式及食物发展战略选择／郭燕枝著．
—北京：经济科学出版社，2016.11
（"三农"若干问题研究系列）
ISBN 978 - 7 - 5141 - 7476 - 2

Ⅰ.①中…　Ⅱ.①郭…　Ⅲ.①农业经济发展 - 研究 -
中国　Ⅳ. ①F323

中国版本图书馆 CIP 数据核字（2016）第 280439 号

责任编辑：齐伟娜
责任校对：刘　昕
责任印制：李　鹏

中国农业阶段模式及食物发展战略选择
郭燕枝　著
经济科学出版社出版、发行　新华书店经销
社址：北京市海淀区阜成路甲 28 号　邮编：100142
总编部电话：010 - 88191217　发行部电话：010 - 88191540
网址：www. esp. com. cn
电子邮箱：esp@ esp. com. cn
天猫网店：经济科学出版社旗舰店
网址：http://jjkxcbs. tmall. com
北京季蜂印刷有限公司印装
710×1000　16 开　12.5 印张　200000 字
2016 年 11 月第 1 版　2016 年 11 月第 1 次印刷
ISBN 978 - 7 - 5141 - 7476 - 2　定价：35.00 元
（图书出现印装问题，本社负责调换。电话：010 - 88191502）
（版权所有　翻印必究　举报电话：010 - 88191586
电子邮箱：dbts@ esp. com. cn）